GW01606035

Antes del olvido

Jorge Javier Vázquez

ANTES DEL OLVIDO

Av. Diagonal, 662-664, 08034 Barcelona
www.editorial.planeta.es
www.planetadelibros.com

Iconografía: Grupo Planeta

Primera edición: noviembre de 2022
Depósito legal: B. 18.565-2022
ISBN: 978-84-08-26440-8
Preimpresión: J. A. Diseño Editorial, S. L.
Impresión: Rotoprint
Printed in Spain – Impreso en España

El papel utilizado para la impresión de este libro está calificado como **papel ecológico** y procede de bosques gestionados de manera **sostenible**

Índice

Para Mila, mi Margot Fonteyn.
Cómplice de tormentos,
de mil y una emociones que para nosotros quedan
y de una gozosa felicidad que permanecerá
para siempre en nuestras memorias.
Te quiero.

Tu chico, Nureyev.

Nota del autor

Este es el primer libro que no he dado a leer a mi familia antes de que se publique. No suelo compartir mis malos momentos con ella y quería sentirme libre para explicar por qué este ha sido uno de los años más convulsos de mi vida. Hay en este libro dolor. Rabia. Impotencia. Pero también humor. Y risas. Y situaciones que, al recordarlas, me han provocado carcajadas. En fin, la vida.

Mi familia no tiene que preocuparse demasiado, porque el libro acaba bien. Sigo vivo, aunque podría no haberlo estado. Vivo y con ganas de seguir viviendo, que no siempre han estado ahí.

Este libro comenzó a escribirse el día que falleció Mila. Al menos, mentalmente. Creo que fue la única herramienta que me sirvió para enfrentarme a su ausencia y ordenar en mi memoria todos los momentos que había vivido con ella para que el olvido no tuviera la posibilidad de hacer acto de presencia.

Su marcha fue el detonante de otras situaciones que me empujaron a transitar estados que me sumieron en la más profunda de las tristezas. Conocí la desgana. La desesperanza. El hastío. El cansancio. Pero también otros muchos sentimientos que me han ayudado a continuar disfrutando el camino.

La presencia de Mila sobrevuela todo el libro. Es más, yo creo que el libro es, sobre todo, una carta de amor a Mila y a nuestra especial manera de entender la vida. Mi particular homenaje a mi compañera del alma, con la que sigo relacionándome de la misma forma que si no se hubiera ido aquel 23 de junio.

Antes del olvido es una necesidad. La de un Jorge Javier que necesita desnudarse emocionalmente y acurrucarse en los brazos de su madre, porque es uno de los lugares del mundo en los que se siente más seguro. Pero *Antes del olvido* es también una sensación. La de sentirme invencible. Porque he llegado a la conclusión de que mi padre y Mila, que se han conocido y se han hecho muy amigos, me las han hecho pasar muy putas este año para que me deje de tonterías y aprenda a disfrutar de una vez por todas del maravilloso espectáculo que es la vida. Gracias a los dos. A lo largo de todo este tiempo, he tomado muchas notas. Y espero que alguna de ellas le sirva a quien lea este libro.

¿Y ahora qué se hace?

Hoy he ido a mi psicóloga y le he dicho que no tengo ganas de nada. Que estoy inmerso en un tedio existencial exasperante. Vamos, que me aburro como una mona. No es el típico aburrimiento del niño caprichoso, ya me gustaría. No son esas «penas de señorito» a las que hacía referencia Mila cuando le contaba alguna de mis desgracias.

Me siento emocionalmente muerto. «Yermo», que diría Federico García Lorca. Cuando me pongo trágica no me gana ni el Centro Dramático Nacional.

No recuerdo cuándo fue la última vez que lloré. De lo que sí tengo constancia es de que, cuando lo hice, fue poquito, unas lagrimitas de nada. No uno de esos llantos a raudales que te dejan emocionalmente fresco, como un polo de limón. Iba a poner como el rocío de la mañana, pero me ha sonado demasiado a canción de la Jurado.

Que no se me olvide que tengo que quedar un día con Rociíto, que siempre la veo entre plató y plató, y es la mejor recomendándome medicamentos, sobre todo cuando tengo problemas de garganta. Así que yo, en vez de ir al médico, la llamo y le digo: «Rociíto —se lo digo aposta, con cariño—, que me pasa esto, ¿qué me tomo?». Y entonces ella, según sea mi dolencia, me receta alguno de los remedios que se tomaba su madre. Puede sonar negligente, pero yo sé que en estos casos nadie me va a atender mejor que Rociíto, ni siquiera el médico. Me apetece verla fuera de los focos y saber cómo ha digerido el terremoto emocional que supuso la emisión de su docuserie, pero esa es una historia para más adelante...

Mi psicóloga se llama Silvia. La de ahora, quiero decir, porque tampoco es la primera. Acudí a ella tras una resaca descomunal y lo primero que me dijo fue que, dado el estado emocional en el que me encontraba, debía dejar de consumir.

—¿Dejar... dejar? —le pregunté yo, porque era mejor asegurarme que volverme abstemio en balde—. ¿Del todo? ¿Ni una copa de vino?

—Ni una copa de vino.

Silvia no es una psicóloga cualquiera. Es la directora de un centro de adicciones. A lo largo de mi vida me he preguntado muchas veces si era alcohólico. Acudí a varios profesionales para que me endosaran la etiqueta, pero no supieron darme una respuesta clara. O me la dieron y no quise escucharla. Uno de ellos me propuso que estuviera un año sin beber. Y yo le dije que si me iba de vacaciones ni se me pasaba por la cabeza estar a aguas.

—Pues cuando te quitan el consumo y tú te revuelves y no te ves con fuerzas para cumplirlo, tenemos un problema —sentenció.

Otro me dijo que lo mío era muy complicado porque mi consumo no afectaba ni a mis relaciones, ni a mi trabajo, ni a mi economía, que estaba muy asociado al ocio.

—Ojalá te pegues cuatro juergas seguidas bien pegadas y acabes tan harto que digas: «Hasta aquí».

No sucedió.

¿Por qué quería esta vez dejar el alcohol de una manera más seria, más consciente? Porque estaba atravesando un momento de mi vida en el que me generaba tristeza y me colocaba en situaciones que, aunque me divertían, psicológicamente no eran sanas para mí. Y un buen día, después de esa resaca descomunal, llamé a un centro de adicciones que encontré por internet. El que me ofreció más confianza. Tengo que confesar que también lo escogí porque estaba en la misma calle en la que se encontraba el piso donde me despedí de Mila. Su última casa. Programé una cita para esa misma tarde y cuando me preguntaron el nombre di el mío, claro. Cuando aparecí en el centro, Silvia me confesó que pensaba que era una broma. Que no se creía que el que había llamado era yo. Y le pareció muy positivo que me presentara en el centro por mi propio pie, no empujado por ningún familiar. Mi instinto de supervivencia ya me ha salvado más de una vez a lo largo de mi vida. Y a pesar de ser una persona popular, jamás me ha dado vergüenza pedir ayuda en situaciones similares.

En realidad, yo cada vez bebo menos y me sienta peor. Las borracheras ya no tienen la gracia de años atrás y, además, al día siguiente casi no me acuerdo de lo que he hecho. Es entonces cuando se activa el «modo reconstrucción». Contactar con personas que estuvieron conmigo durante la borrachera para preguntarles si metí la pata en algún momento. Ese proceso suele incluir numerosas llamadas y repetir varias veces la pregunta: «Pero ¿de verdad no tengo nada de lo que arrepentirme?». Finaliza tras haber digerido con mayor o menor fortuna un inquietante complejo de culpa. No me gusta. No me compensa.

Como ya he dicho, hace muchos años que me pregunto si acaso no seré adicto al alcohol. Fue Silvia quien me explicó que uno no es *adicto a algo,* sino que, si lo es, uno es simplemente adicto. Y punto.

—¿Y yo lo soy? ¿Soy adicto? —le pregunté.

—Mira, Jorge, después de estos últimos años que estamos pasando todos, después de la pandemia... Todo esto está provocando auténticos descalabros emocionales en la gente. No te sé decir, así sin más, si eres adicto o no. Es la primera pregunta que muchos de vosotros me hacéis al llegar al centro. Necesitaría que hiciéramos terapia.

Y tal como me lo pintó, yo acepté, claro.

—Está bien. Estoy cansado. Quiero dejarlo todo.

Los lectores de mis libros anteriores tal vez se hayan dado cuenta de que esta es una historia que tengo metida en la cabeza desde hace años, no es la primera vez que lo digo. Pero es algo que les pasa también a los médicos, a los abogados, a los panaderos y al noventa y nueve por ciento de la gente de mi edad: cincuenta y dos. Llegado a este punto, uno se pregunta si la vida que está viviendo es la que realmente quiere vivir.

Como decía, lo mío no va a ser más original por salir en la tele. No. Pensar en la huida es el pan nuestro de cada día, el de todos. Y más después de una pandemia. No es la intención de este libro ofrecer respuestas, de ninguna clase, así que, si después de leerlo obtienes alguna, eso ya es cosa tuya. Y, de paso, te agradecería que la compartieras conmigo. Gracias de antemano.

A estas alturas de vida, *Sálvame* cumple más años de existencia de los que algunos quieren recordar, pero lo hace con unas audiencias inquietantes. ¿Y qué son *audiencias inquietantes*? Pues malas, se entiende. Sé que muchos están deseando nuestra muerte televisiva, y será solo por eso, por dar por saco a esos agoreros, pero es que me entran ganas de revolverme y empeñarme en que duremos eternamente. Tal vez lo logremos o tal vez nos encierren en un frenopático, cualquiera de los dos escenarios me parece igual de plausible.

Por otro lado, desde que me separé de P. —hace ya más de cuatro años— no ha aparecido nadie que me haga ni un poco de gracia. Pero ni la más mínima.

Además, he sufrido un ictus que me ha recordado que, durante mucho tiempo, me he cuidado menos de lo que debiera. A veces me entran remordimientos de niño chico por haberme portado mal, aunque, según todas las revisiones que me hago, por ahora mi cabeza está en orden. Al menos, técnicamente. De lo demás, ya si eso, sigue leyendo y juzga tú.

Después de *Desmontando a Séneca* —mi última experiencia teatral— no me han quedado ganas de volver a los escenarios. Creo que todavía no me he recuperado de esa amarga sensación de fracaso que supone enfrentarte al público y ver que más de la mitad de las butacas están vacías. Ya abundaré en ello más adelante. Tras una accidentada pero exitosa gira —la pandemia provocaba cambios de fechas cada dos por tres— estrenamos en Madrid. Durante dos meses me limité a comprobar cómo iba perdiendo la autoestima a chorros, y no fui capaz de encontrar ningún tapón emocional que detuviera la hemorragia. Finalizamos los dos meses salvando los muebles —más de lo que la gente cree, aunque yo juegue con la idea de que fue un fracaso porque es un recurso al que le saco mucho partido— y con mi dignidad evaporada. Y eso que como actor estaba inmenso, que me lo dijo la mismísima Santa Teresa de Jesús. Bueno, Concha Velasco, que vino a verme el penúltimo día de la temporada. Fue algo que viví con muchísima emoción.

Follo menos de lo que me gustaría. Es que me cuesta mucho follar si no estoy ligeramente achispado. Igual podría follar sobrio por las mañanas, nada más despertarme, porque es una hora a la que estoy especialmente cachondo, pero no sucede desde hace tiempo. Si no lo has deducido, ya te digo yo que ahí el problema radica en que hace muchísimo que no duermo acompañado. La verdad es que tengo muchas ganas, tanto de lo uno como de lo otro. Ya basta de ir de empoderado y autosuficiente por la vida: lo que yo necesito son mimos y suciedad. Estoy cansado de que mis sábanas amanezcan cada mañana limpias como un jaspe. Pero otras veces pienso que no quiero que la persona que esté a mi lado tenga que soportar mis ronquidos o que yo tenga que escuchar esos pedos que se escapan de una manera inconsciente. O la visión de ese pene encogido recién levantado, que uno no siempre salta de la cama en perfecto estado de revista. Para que una relación tenga aire me parece fundamental lo de las dos habitaciones y reunirse en una de ellas cuando verdaderamente apetezca y no por imperativo legal.

Llegados a este punto de la lectura, uno podría pensar que mi vida no merece la pena ser vivida. Tampoco es eso. Lo que pasa es que, como he dicho, me aburro mucho.

Ayer estuve con Charo Vega y me confesó que le pasa lo mismo. Para la gente de mi generación, Charo es la amiga bellísima que aparece en muchas fotografías junto a Carmina Ordóñez y Lolita, siempre en un tercer plano. Para los jóvenes, en cambio, Charo Vega es esa señora mayor que ha estado en *Supervivientes,* la que tiene un nieto muy simpático que se llama Manu y que es gitano y gay.

—Es que la *sanidad* es muy aburrida —silabea con ese acento de pija desencantada que a mí me hace tanta gracia.

Ella, que estuvo en la López Ibor porque se le fue la mano con la cocaína, cuando dice *sanidad* a lo que se refiere en realidad es a la vida sana.

—Pues sí, Charo —le respondo yo con movimientos acompasados de cabeza, como de persona mayor que le da la razón a la otra.

—Es que me aburro mucho, Jorge.

—Toma, y yo también, Charo. Y perdona que te diga, pero yo tengo como doce años menos que tú, así que lo mío es más grave. Y además follo muy poco.

—Ay, pues yo a tu edad ese tema lo llevaba muy bien.

¿Habrá cosa que me joda más? Una cosa es follar poco, y otra muy distinta es que el de enfrente te diga que a los cincuenta se hartaba.

—¿Y de dónde los sacabas? —pregunto yo, corroído de envidia.

—Pues de la López Ibor —responde con total naturalidad.

—Joder. Va a haber que ingresarse.

—Habrá que —coincide ella—. Y ya de paso nos llevamos a una amiga nuestra a la que seguro que le irá muy bien. Que celebre allí su cumpleaños y se coma las uvas, como me las comí yo un año, en una habitación con mi hija y mis nietos. Aunque yo estaba tan empastillada que no sé ni cómo me entraron los polvorones.

Y los dos venga a reír.

Porque cuando empiezas a valorar que la López Ibor puede ser una solución a alguno de tus problemas, es que algo va mal en tu vida. O tal vez es porque estás tan sumamente aburrido que hasta ingresarte te parece divertido.

Con todo esto, más que para un libro, siento que tengo para veinte. Algo no va bien. Y por si eso fuera poco, se me ha muerto Mila.

Se me ha muerto Mila, y por su culpa, su grandísima culpa, he pasado un año «*pa* descambiarlo», que diría ella.

¿Y ahora qué se hace?

1

Terapia

Aparecí por la consulta de Silvia en octubre del 2021. Estaba destrozado. Muy perdido. Roto por la marcha de Mila. Muy decepcionado en lo laboral porque estaba viviendo desde hacía demasiado tiempo un desencuentro con una persona a la que quiero mucho que me estaba destrozando a nivel emocional. Desmotivado vitalmente... Si trataba de pensar en algo que de verdad deseara, lo único que acudía a mi cabeza era la posibilidad de cogerme una baja y desaparecer durante una temporada. Mi sueño era ingresarme en un centro, dormir y pasarme el día de terapia en terapia para intentar adivinar qué coño me estaba pasando.

Fue Silvia la que reconoció los síntomas de una depresión y me preguntó por la medicación que estaba tomando. Había dejado el Prozac hacía tiempo y un doctor me había recomendado antidepresivos, aunque estaba claro que no me funcionaban.

En aquella primera sesión me vio —como me recuerda siempre que tiene ocasión— completamente desorientado. No me aconsejaba la baja, al menos no todavía, me dijo, porque en mi estado no era recomendable tomar decisiones importantes. Me animó a que primero me diera un año. ¿De qué me serviría huir? De nada. Lo suyo era enfrentarnos al problema.

—Además, con esa cabeza que tienes, mejor mantenerla ocupada.

Así que empezamos la terapia.

—¿Bebes?

—Sí. Pero me doy cuenta de que no es como antes... Me sienta peor. A veces no sé parar. Luego, cuando me despierto, no me acuerdo absolutamente de nada. No es algo de ahora, así que no tiene nada que ver con los antidepresivos. Me pasa desde hace muchos años, pero las lagunas mentales son cada vez mayores y me asustan cada vez más.

Ya os he contado que decidí hacer terapia con Silvia porque es especialista en adicciones. Tardó medio segundo en prohibirme el alcohol, porque cuenta como droga. En fin, razón no le falta... Así que, en definitiva, me prohibió drogarme.

Luego también me explicó que la espiritualidad es la droga más potente que existe, así que un poco se contradijo, porque ahora, después de haber probado tantas otras, me he propuesto comprobar si en esto último tiene razón.

La cuestión es que, según se iban sucediendo las sesiones, acabó por prohibirme también el sexo, cosa que, como veréis a lo largo del libro, me perturbaba unas veces más y otras, menos. No es algo aleatorio, su razonamiento sigue esta dirección: no puedo tener sexo sin estar achispado, así que el sexo me lleva a drogarme. Debía romper esa conexión. Y juro que lo intenté, ¿eh? Pero no pude. Ella decía que formaba parte del proceso, que no debía preocuparme, porque suele suceder así en todos los casos.

—Es que se me hace imposible aceptar que nunca más podré volver a probar el alcohol —le dije uno de esos días—. Entiéndeme: no me cuesta *no* tomarlo, lo que pasa es que la mente me traiciona y me hace imaginar veranos sin beber, noches sin beber, sexo sin beber... Y me entra una tristeza que... Silvia, ¿cuándo podré volver a beber?

—Es la misma pregunta que me hacéis todos. Ya veremos qué pasa más adelante —respondió ella con diplomacia—. Por ahora, no. Recuerda esta máxima: «Solo por hoy». «Solo por hoy no voy a beber.» Y mañana, ya veremos. ¿Por qué pensar de aquí a dos semanas? Solo por hoy. Dame seis meses, y luego tú mismo podrás decidir qué quieres hacer. A lo mejor cuando llegue el momento eres tú el que ya no quiere volver a beber.

Lo cierto es que el alcohol ya no me llama como antes. Yo no sé si serán los años o la medicación, pero cuando digo de emborracharme, ya no me lo paso tan bien. La cabeza no se me coloca en aquellos lugares que tanto me hacían disfrutar. Es más, consigo el efecto contrario y acaba por escocerme más mi propia soledad. Me entristece, cosa que cuando estoy sobrio no sucede.

Además, en este momento de mi vida tengo que andar con cuidado. Estoy soltero y con posibles. No tengo hijos. No tengo que rendirle cuentas a nadie. ¡Ay, la pandemia y sus destrozos! Es tan fácil despendolarte, dejarte llevar...

Lo cierto es que el alcohol ya no me llama como antes. Yo no sé si serán los años o la medicación, pero cuando digo de emborracharme ya no me lo paso tan bien.

Un día llegué a la consulta de Silvia y, de común acuerdo, decidimos dejarlo, porque yo no tenía la mente preparada para lo que ella me proponía.

—Volverás —me dijo.

—Pues seguro. Pero ahora no quiero pensar ni en dejar de beber ni en dejar de tener sexo. Ni en intentarlo, ya que nos ponemos.

Ella tenía razón.

Al tiempo volví, claro.

Y, cuando lo hice, ya no me preocupaba saber si era adicto o no.

No, este no es un libro sobre adicciones, que evidentemente las ha habido. Pero no quiero decir a qué he sido adicto porque ese no es el tema. Sí que me gustaría recalcar que no solo hay adicciones a sustancias. Y que son igual de peligrosas porque son adicciones. Y hablaré sobre cómo te influye psicológicamente ser adicto o tener comportamientos adictivos: trastornos obsesivos compulsivos, perfeccionismo, una gran exigencia, firmeza de convicciones, intransigencia, insatisfacción permanente, dificultad para encajar en el mundo en el que te ha tocado vivir. Muchas veces he bebido para intentar que la realidad me resultara más agradable, más llevadera, no porque me gustara especialmente el alcohol. Cada cabeza es un mundo, y Silvia me ha enseñado este año que tengo que estar muy atento a toda señal que mi mente me envía para hacerme daño. Con la ayuda de profesionales adecuados se puede luchar contra ella, conseguir domarla y lograr algo que a mí antes me parecía una cosa de viejos y de derrotados: paz.

Durante este año Silvia me decía que no tenía muy claro si me estaba ayudando, pero yo no tengo duda de que sí. Antes me emborrachaba y al día siguiente no era consciente de cómo había acabado así. Ahora sé que cuando eso sucede es porque quiero consumir, necesito evadirme y desconectar. Huir. Así que trato de tapar con el alcohol un vacío que no consigo llenar con otra cosa.

Ahora la conciencia me lleva a detectar cuándo se pueden producir esos consumos y qué herramientas debo utilizar para evitarlos, es decir, para evitar dañarme psicológicamente. Todo gracias al trabajo que he hecho con ella, a lo que ella ha hecho conmigo. Mi experiencia con la psicología siempre ha sido muy positiva. Recuerdo una frase que me repetía Alicia, otra de mis psicólogas, cuando yo me empeñaba en revolverme contra mi realidad: «Por mucho que te des cabezazos contra una pared, la pared seguirá estando ahí». En su momento, ella me ayudó mucho a trabajar un estado tan importante como la aceptación.

Y en cuanto al sexo, yo he sido un gran esclavo del «me gusta gustar». Salir por la noche y volver sin un hombre que llevarme a la cama era un fracaso que me costaba aceptar. Pero ahora que por prescripción facultativa tengo que dejar de pensar en cuerpos, siento una gran tranquilidad.

A Silvia le gustaría meterme en un grupo de terapia, pero le da reparo. Dice que nunca ha tenido como paciente a alguien tan conocido como yo. A nivel de popularidad, se refiere, porque por su consulta ha pasado lo más granado de este país. Pero nada, que dice que conmigo tiene sus dudas. Me hacen gracia sus miramientos teniendo en cuenta que hasta el mismísimo Brad Pitt ha contado que acude a reuniones de Alcohólicos Anónimos. He perdido el miedo a que se cuenten cosas de mí que han tenido lugar en sitios en los que uno debe sentirse protegido. Quien comete la falta es el otro, no uno mismo. A veces perdemos esa perspectiva y nos echamos a la espalda miedos que no nos pertenecen.

—Ayer intenté hablar con varios pacientes —me contó Silvia— y me preguntaron si podía llamarlos más tarde, que estaban viendo *Supervivientes*. No hay persona que no te conozca, Jorge.

Me parecen muy positivos los reparos de Silvia. Me quiere proteger. Pero es que a mí ya me dan igual esos reparos. Jamás he permitido que mi vida profesional ponga trabas a mi vida personal, y muchísimo menos en cuestiones de salud. De salud mental, en este caso. Al final decidimos que a la vuelta de las vacaciones me metería en un grupo. Antes, eso sí, me regaló una advertencia:

—Trabajar en grupo solo funciona en la medida en que tú te abres.

En una ocasión, le escribí un mensaje en el que le decía que estaba triste, y después, durante la sesión, me confesó su admiración por la capacidad que tengo para tapar mis estados de ánimo mientras estoy trabajando:

—Te veía en televisión y lo último que veía era a un hombre triste.

—Llevo casi veinticinco años practicando —reconocí—. Estoy tan habituado a ocultar mis estados de ánimo que el problema es que ya no sé cómo soy de verdad.

Me ha costado casi un curso académico aceptar las propuestas de Silvia. Fuera sexo —pero todo, hasta la masturbación— y fuera alcohol. Fuera porno también. Bueno, bueno, se irá viendo...

Eliminar cualquier elemento que me dispare la dopamina y que me desvíe del camino que nos hemos trazado: saber quién soy.

Estoy tan habituado a ocultar mis estados de ánimo que el problema es que ya no sé cómo soy de verdad.

Conectar conmigo.

Escucharme.

Qué duro se me está haciendo entrar en la década de los cincuenta. Me está costando lo indecible. Porque, a no ser que te rebeles de una manera radical, entras en una época en la que la sumisión al sistema es absoluta y resulta imposible no sentir un mínimo —o máximo— sentimiento de derrota. Porque entiendes que la vida deja de ofrecerte sorpresas y el día a día te acaba devorando. Y así es muy fácil dejarse llevar por la corriente y acabar trabajando de lunes a viernes y el sábado dejarlo para ir al súper, que es justamente lo que no debe ser la vida, según un sabio como Juan Luis Arsuaga.

Siento que estoy en un momento de transición, de nacimiento hacia una nueva época. Y a un nuevo mundo siempre se llega llorando. Fíjate tú, si no, en los recién nacidos, que se quejan nada más nacer por tener que dejar el vientre calentito de la madre. Yo no lloro porque no sé, pero espérate a que le haga caso a mi psicóloga y empiece a conectar conmigo mismo. Ella estaba un poco preocupada porque con las fiestas del Orgullo en Madrid temía que me despendolara y acabara del revés, pero nada que ver. No me llaman. Miro en Instagram a la juvenalia divirtiéndose y disfruto con ellos, pero no me veo ya entre el gentío dando botes. Creo que ya los he dado casi todos. Tengo que encontrar nuevas formas de diversión y gente nueva con la que divertirme. Una nueva vida. Bien mirado, hasta tiene su parte divertida. Por cierto: siempre que miro Instagram y veo a tantísima cantidad de gente concentrada en un lugar —festivales, conciertos— pienso: «Qué difícil es enamorarse ahora. Todo siempre lleno. ¿Qué posibilidad hay de que conecten dos miradas?».

La semana pasada me reencontré con L. Es un escritor sudamericano al que me une una curiosa historia. Hace como veinte años, una compañera que trabajaba para una editorial me pasó un libro.

—Léetelo, el autor vendrá dentro de poco a hacer promoción.

Siento que estoy en un momento de transición, de nacimiento hacia una nueva época. Y a un nuevo mundo siempre se llega llorando.

Me lo leí y pensé: «Con este chico me tengo que enrollar». Por aquel entonces él era el novio de otro autor, también sudamericano, que vendía bastantes libros en nuestro país.

Una noche de verano quedé a cenar en un restaurante de Madrid con un tío con el que había tenido un rollo y que estaba bastante pirado. La cena acabó mal, y yo, que por aquella época era de los que les costaba irse a dormir, me fui a una fiesta que se había montado con ocasión del estreno de *Brokeback Mountain*, la película aquella en la que dos rudos vaqueros se liaban en las montañas. Recuerdo que estaba dándole una calada a un porro cuando Leopoldo Alas, prematuramente fallecido, me dijo:

—Está por ahí el novio de X.

Y con todo mi colocón, me fui en busca de L., el autor de aquella novela con el que yo sabía que me acabaría enrollando. No recuerdo con qué excusa lo saqué de aquella fiesta, pero el caso es que nos vimos paseando por las calles de Lavapiés. Ese Madrid de madrugada tan romántico, tan decadente, tan poco transitado. Acabamos en un piso que tenía yo en la calle Bordadores. Él con complejo de culpa, porque con el cambio horario era hora de llamar a su novio. Yo enamorándome, porque por aquella época me daba tiempo a enamorarme en los dos minutos que se tarda de una estación de metro a otra. De Sol a Ópera, pongamos. No quiero con ello quitarle méritos a L., que era y sigue siendo una maravilla. Acabamos besándonos y con la promesa de llamarnos. Él no lo hizo. Yo sí.

Nos vimos varias veces, nos acostamos una o dos y él me recordó en nuestro último encuentro que el día que se marchó a Buenos Aires yo lo despedí llorando desde uno de mis cuatro balcones.

Decía que hace poco me reencontré con él. Vino a verme a la tele el día que me tocaba presentar *Supervivientes*. Le va muy bien en su país. Trabaja, pero sin obsesionarse. Le gusta disponer de tiempo libre y aprovecharlo para viajar, quedar con gente. Le confesé en mi camerino que sentía la necesidad de darle un vuelco a mi vida.

—Te atrapó el éxito desde muy joven. Es normal que le hayas dedicado tanto tiempo a tu profesión.

Me acompaña al plató y entre publicidades me habla de la vida en su ciudad. De lo que le gusta frecuentar los bares y las acogedoras cafeterías que hay en su barrio.

—Me encantaría irme contigo y que disfrutáramos de esas cosas tan simples.

Me coge la mano y me pongo nervioso.

—El público debe pensar que soy tu novio.

—Da igual, no te preocupes.

—Se te ve regio. Cada vez que paso por el Oso y el Madroño recuerdo que el día después de conocernos quedamos allí. ¡Hoy sería impensable quedar en un sitio tan concurrido!

No. No lo sería, pero lo evito. Esta mañana he visto una entrevista de Celia Cruz en YouTube. Decía que le encantaba quedarse en casa con su marido: «Hay mucha gente que te invita para presumir de ser tu amiga. Y al final acabas firmando autógrafos, haciéndote fotografías, y en ocasiones ¡hasta te piden algún numerito! O sea, que acabas trabajando. Pues para eso me quedo en casa bien tranquila».

Apenas salgo, porque, como dice Celia, todo acaba convirtiéndose en trabajo. «Una foto para mi madre», «un autógrafo para mi abuela», «felicita a mi tía, que es su cumpleaños», «hazle un vídeo a mi cuñado, que dicen que se parece mucho a ti». Lo llevo cada vez mejor, dicho sea de paso. Lo mío me ha costado. Recordad lo que me decía mi psicóloga Silvia: aceptaciones.

Vuelvo a tener ganas de viajar. Este verano me iré a Perú con Cristina y a África con P. Vi en un programa de Jesús Calleja a Rossy de Palma emocionándose como una niña al ver de cerca a los gorilas y me dije: «Yo quiero emocionarme así, a ver si se me rompe ese cristalito que se me ha metido en el ojo y que me impide llorar». Como en el cuento de Andersen. Y en cuanto a Perú, es uno de mis viajes soñados. Sé que lo voy a disfrutar mucho. Viajar ha sido una de mis grandes pasiones, pero con la pandemia me volví perezoso y tiré mucho de estancias en playas idílicas. Afortunadamente, me han vuelto las ganas de menearme y Silvia está muy contenta con mis planes:

Apenas salgo, porque, como dice Celia, todo acaba convirtiéndose en trabajo.

—Vas a volver nuevo, ya verás. Vas a tener la oportunidad de saber qué quieres y qué buscas, porque ahora mismo no tienes ni idea.

—¿Y si aparece el amor de mi vida no puedo acostarme con él?

Silvia pone los ojos en blanco, cansada de que siempre acabe haciéndole la misma pregunta pese a sus estrictas indicaciones:

—¿Crees que en estos momentos estás en condiciones de encontrar al amor de tu vida? ¿No te das cuenta de que no tendrías nada que ofrecerle? Después de tantos años entreteniendo al personal, estás vacío por dentro.

—¡Ah!

Pues nada más que añadir, señoría.

No puedo beber. No puedo follar. No puedo encontrar al amor de mi vida. Por la noche me abrazo a la almohada y me digo que, sencillamente, hay épocas en las que no se tienen ilusiones. Y me duermo plácidamente y me despierto sin angustias. Debe ser que el secreto está en no ponerle a la vida listones muy altos.

Soy un hombre de cincuenta y dos años, recién cumplidos al momento de escribir estas páginas, pero creo que me voy a quitar dos, porque los de la pandemia han sido para tirarlos a la basura. Así que acabo de cumplir cincuenta años.

No puedo beber. No puedo follar. No puedo encontrar al amor de mi vida. Por la noche me abrazo a la almohada y me digo que, sencillamente, hay épocas en las que no se tienen ilusiones.

Soy un hombre maduro al que desde hace mucho le empieza a producir aburrimiento estirar la noche para volver acompañado a casa. Ya no me siento a gusto con esas historias que sabes que no irán a ninguna parte. En la tele juego mucho a eso de intentar ligar con todo muchacho mono que aparezca en el plató. Lo hago porque sé que es un recurso fácil para conseguir que el público se ría. Oye, también Lina Morgan tiraba mucho de su gestualidad y de la torcedura de pierna. Cada maestrillo tiene su librillo. En la vida real me estoy quitando de hacer lo que hago en la tele por consejo de mi sentido del ridículo. El espectador piensa que yo soy ese viejo verde y no le puedo quitar la razón, porque lo soy. Pero en la calle lo disimulo, porque mi cupo de quedar en evidencia lo tengo más que agotado. Claro que, si el muchacho mono se pone a tiro, pues adelante con los faroles, pero yo ya no doy el primer paso, por la poca dignidad que me queda en ese aspecto.

Vas cumpliendo años y dejas de atraer sexualmente a bastante público. Es ley de vida. Cuando lo empiezas a aceptar, te relajas. Y consigues que la ausencia de sexo no te remuerda la conciencia y te empuje a creer que la existencia se te va a chorros cuando lo haces con menos frecuencia. De repente empiezas a fijarte tanto en ti que necesitas encontrarte con los demás para entender de qué va la vida.

En ello estoy.

2

Deudas saldadas

Cuando me hacen entrevistas, hay una pregunta que suele salir a colación una y otra vez. Me llama la atención. Es siempre la misma: «¿Qué queda de aquel niño de Badalona?».

A veces he dudado a la hora de responder, pero hoy tendría clara la respuesta: la soledad. Vivo en una urbanización a las afueras de Madrid en la que no hay ningún tipo de establecimiento. Existe poca vida fuera de mi casa. Con suerte, te cruzas a un vecino que pasea a sus perros y, a menudo, ni siquiera eso.

Ayer estaba viendo la televisión y me asaltó un pensamiento: ¿dónde estará la gente? Fue un pensamiento bobo, idiota, lo sé. Pero es que cada vez me cuesta más mirar a mi alrededor.

No miro para que no me miren. Vivo en una realidad distorsionada por mi profesión. Comprendo que al llegar a un restaurante se den codazos o haya cuchicheos. Cuando era más joven me encantaba. Luego me rebelé y ahora lo acepto. Cada vez son menos los días que me apetece que me miren, así que me quedo en casa.

Entonces me digo a mí mismo que así es muy difícil que conozca a alguien, porque no te creas que para una persona tan conocida como yo la cosa está fácil. No es una queja, es una mera constatación de la realidad.

La gente te mira por la calle, pero a duras penas repara en ti. Te mira de la misma forma que se mira una planta en un jardín botánico. Primero con asombro y, luego ya, con prisa, porque quieren ver otra planta o porque han quedado con alguien y no llegan a tiempo a la cita. Me miran mucho, pero se acercan poco. Y los que lo hacen es para pedirme una fotografía que, casualmente, siempre es para su madre o para su abuela.

La gente te mira por la calle, pero a duras penas repara en ti. Te mira de la misma forma que se mira una planta en un jardín botánico.

La pena es que jamás se me ha acercado alguien que me llame la atención. Ya sabes, eso de estar en un bar o en el vestíbulo de un teatro y que te ocurra una cosa de esas que solo pasan en las películas: se te acerca un tipo impresionante que se ha fijado en ti y te deja con la boca que te llega al suelo con una frase con fuste. Nada. Que no. Nunca.

A mí me tienen tan visto que ni siquiera reparan en que sea una persona. Soy «gente que sale en la tele», pero no «*una persona* que sale en la tele». Los entiendo.

Imagino que para alguien con una vida sin sobresaltos debe ser un trago salir con un presentador que se muestra muy preocupado porque la hija de la Pantoja acabe sus estudios o porque Rociíto sea capaz de aguantar las hostias que le dan algunas de las mentes más preclaras de nuestro país.

Que no se me olvide, tengo que quedar con Rociíto. ¿Lo he dicho ya?

Total, que tengo muy metido en la cabeza que es poco probable que me eche novio echando tantas horas en la tele. Ojo, que repito a conciencia el verbo *echar*. Me hace gracia que sea tan socorrido.

—Pero ¿tú sabes realmente lo que quieres, Jorge? —me pregunta mi psicóloga.

Me da mucha vergüenza decirle que quiero dejar de ser yo. O que me gustaría ser *solo* yo, como le pasa a la mayoría de las personas. No ser «yo, el de la tele», sino una persona más.

Me gustaría decirle a Silvia que tengo mucha necesidad de querer y de que me quieran. Porque hace mucho que no siento ni una cosa ni la otra. Pero que me aterra que puedan llegar a dejar de hacerlo. Y que quizás por eso no quiero conocer a nadie. Vale, lo último suena a telenovela barata, pero es así. No hace mucho quedé con Jose, treinta años, que acababa de romper con su chico. El ex de Jose es actor. Bien. Cuando eran pareja, cenaban juntos en casa del novio antes de que se fuera al teatro, Jose lo acompañaba a trabajar y volvía a la casa del ex para que tuviera los platos fregados cuando llegara. Mira, yo no me veo a mi edad yendo y viniendo fregando platos para agradar a un muchacho.

Me manejo por la vida como un adolescente cuando la piel lleva advirtiéndome desde hace algún tiempo que está perdiendo brillo. Y que por mucho que me la cuide, ya no volverá a recuperarlo. Tengo en el vestidor unos espejos en los que al pasar me veo caminando de lado. A veces me miro y veo a mi madre, bajitos los dos, un poco cargados de espaldas, caminando ligeros. Y en vez de ponerme triste, me da la risa. Porque por mucho que yo vaya de tío bueno por la tele, no soy más que un metro y medio con mucha energía. Con las piernas tan bonitas que tengo y el torso tan ancho..., ¡qué rabia me da! Con lo que me hubiera gustado a mí ser finito finito, como uno de esos muchachos que tienen el torso como papel de fumar. Pero la naturaleza no ha sido generosa conmigo, qué le vamos a hacer. Cuando escribo así de mí mismo, me veo un poco Juanita Narboni, loca perdida. Aunque Madrid no es Tánger y dudo que ni el alcalde ni la presidenta conozcan a un escritor maldito como Ángel Vázquez.

Esta noche he soñado que estaba en el piso en el que pasé mi infancia, solo que yo tenía los años que tengo ahora. Estaba rebuscando en mi habitación cuando encontré unas notas de amor que me había enviado alguien. Lo importante no era qué decían ni quién me las había enviado, sino lo que me hacían sentir. Porque *me hacían sentir,* y eso es algo que lleva sin sucederme —al menos cuando estoy consciente, despierto, porque en sueños me pasa cada vez más— desde que me enamoré de P. Y de eso va a hacer quince años, si es que no se han cumplido ya. Soy muy malo con las fechas, así que le preguntaré a él, que se las sabe siempre al dedillo.

Me enamoré. Me enamoré mucho. Pero después de diez años de relación, con sus muchas idas y venidas, P. se fue de casa una noche cualquiera, por la razón más tonta que uno se pueda imaginar. La razón parecía tonta, sí, como leerás ahora. Pero los motivos eran bien fundados.

Estábamos a una semana de estrenar en Madrid mi segunda función, *Grandes éxitos.* P. había participado de manera muy activa en la producción e incluso se había encargado del diseño de vestuario, que fue uno de los grandes aciertos del *show.* Llevábamos un mes y medio de ensayos y durante ese tiempo yo había estado inmerso únicamente en mí mismo, que es algo que se me da genial. Lo de centrarme en mí y solo en mí es un arte que practico sin ningún tipo de esfuerzo, me sale solo. Ya se puede estar derrumbando el mundo a mi alrededor, que, si no me salpica mucho, yo ni me inmuto.

Esa capacidad mía me la tiene muy calada Belén Rodríguez, porque un día me dijo:

—Yo sé que a todo el mundo le pasan cosas peores que a mí, pero la que me importa soy yo. Y tú me entenderás, claro, porque a ti no te importa nadie más que tú.

Creo, y lo digo sin orgullo, que respecto a esa apreciación Belén tiene bastante razón.

Con el tiempo me he ido dando cuenta de todas las ausencias que tuvo que aguantar P. por culpa de mis desvaríos artísticos. A veces estaba con él físicamente, es decir, mi cuerpo estaba presente, pero mi cabeza se encontraba en cualquier parte menos a su lado. Ahora que he tenido tiempo de pensar en ello, me doy cuenta de lo mucho que me tuvo que querer para no desaparecer años antes, porque como pareja yo era un auténtico desastre. Debo tener cualidades que desconozco —porque si no, no me lo explico—, pero, desde luego, yo no me querría para mí.

Debo tener cualidades que desconozco —porque si no, no me lo explico—, pero, desde luego, yo no me querría para mí.

El caso es que llevábamos un mes y medio de ensayos en una sala fría y lejana del centro de Madrid y llegó el día en el que por fin entrábamos en el teatro y podíamos empezar a montar la función de una manera más real. Pasamos el día entero allí y, al llegar a casa, hechos polvo, abrimos una botella de vino para relajarnos. Cómo estaríamos de cansados que P. se quedó dormido en el sofá con la copa en la mano. Yo me entretuve viendo vídeos de YouTube en la televisión.

Al despertarse, P. me dijo: «Venga, a dormir». Yo sabía que al día siguiente teníamos que madrugar para ir al teatro, pero me apetecía tomarme una copa más y seguir viendo vídeos. En ese momento estaba viendo uno de Esperanza Roy cantando *Mírame,* que era uno de los temas que yo interpretaba en la función.

—Anda, vamos, que sé lo que significa esa copa de más —me dijo—. Que al final tengo que venir a buscarte a las tres de la madrugada porque te has quedado dormido.

—P., por favor, quiero relajarme un poco. Sube tú a la habitación, que yo voy enseguida.

—Jorge —se plantó—, o subes conmigo o me voy.

—Pues vete.

Y se fue.

Y yo no hice nada por detenerlo.

No hice nada porque quería que se fuera.

Diez años de relación rotos por un vídeo de Esperanza Roy cantando *Mírame.* A ver quién supera eso.

Lo vi recoger su ropa, pero yo permanecí inmóvil y en silencio. Lo que temía en ese momento, en realidad, era que, si decía algo, si le pedía que se quedara, reconsiderase la situación y me hiciera caso. Porque entonces todo volvería a ser como antes. Y lo último que yo quería era que todo volviera a ser como antes. Otra vez no. Hacía tiempo que quería que se fuera, pero no tenía el valor para decírselo.

Dejarme fue uno de los muchos actos de generosidad que tuvo conmigo durante nuestros diez años de relación. Yo no hubiera sido capaz. Porque por las noches, cuando nos íbamos a dormir y lo abrazaba, pensaba que si tenía un accidente con la moto y le pasaba algo, no iba a poder soportarlo. Porque al abrazarlo con fuerza intentaba protegerlo del mundo. Porque lo quería tanto que no tenía el valor para decirle que no quería seguir con aquello y hacerle daño. Y no quería seguir, pero no porque no lo quisiera, sino porque yo sentía que ser pareja era otra cosa.

Dejarme fue uno de los muchos actos de generosidad que tuvo conmigo durante nuestros diez años de relación. Yo no hubiera sido capaz.

Ahora que llevo soltero más de cuatro años lo que sé es que lo quiero mucho. Y también sé que si estoy solo es porque no he vuelto a encontrar a nadie como él.

P. se fue. Di por hecho que esa noche dormiría en un hotel y que al día siguiente volveríamos a la normalidad, actuaríamos de esa manera que se había vuelto casi rutinaria para nosotros: discusión, ruptura y, al tiempo, reconciliación. Así que al día siguiente lo llamé. La sorpresa fue que no me respondió.

Según avanzaba la mañana, en el teatro los actores preguntaban por él, venían a decirme que lo necesitaban para dar los últimos toques al vestuario, querían saber cuándo llegaría. Cuando no pude más, los hice venir a todos a mi camerino y les dije:

—Por favor, no me preguntéis más por P., porque no sé si va a aparecer. Podemos apañarnos con Pedro —dije refiriéndome a nuestro sastre—, que sabrá resolver a la perfección todos los problemas que tengamos.

Les pedí también que me guardaran el secreto. Lo que menos me apetecía era tener que dar cuenta de mi ruptura a mi familia y, en especial, a la prensa. Menos aún justo antes del estreno. Y debo decir que ellos cumplieron y que nadie, absolutamente nadie, dijo nada más al respecto. Estrenamos la función sin que trascendiera que P. y yo lo habíamos dejado.

Él desapareció de mi vida y yo hice muy poco por buscarlo. Creo que me sentí liberado. Durante algún tiempo no supe qué había sido de él, y solo con el paso de los años me he atrevido a preguntarle —aunque sin ahondar demasiado— qué hizo durante aquellos meses. Si he tardado en hacerlo ha sido porque me sentía incapaz de enfrentarme al dolor que sabía que le había supuesto la separación.

A base de insistencia y paciencia, con el tiempo, me ha contado retazos de la historia, cabos sueltos. Y cada uno de ellos me ha provocado tal bofetada en el alma que todavía me deja seco pensar en ello. No puedo soportar la idea de ahondar en su historia, ¡yo, que adoro empaparme de todos los detalles de las historias que me cuentan mis entrevistados! Pero sé lo fundamental: sé que estuvo muy perdido. Como lo estoy yo ahora. Con la diferencia notable de que ahora que yo estoy mal y lo necesito... él sí que está a mi lado.

P. es una de las personas que mejor me conocen en el mundo. No puedo engañarlo por la sencilla razón de que me conoce a la perfección. Será por eso que ante él ya no me escondo. No lo necesito. Conoce mis debilidades, mis angustias y mis miedos. Cuando estamos juntos discutimos muchas veces, pero ahora ya lo hacemos de otra manera: sabiendo que no tenemos que llegar a ningún punto de acuerdo, porque ya no somos pareja. Y eso puede parecer banal, pero en realidad me produce mucha tranquilidad.

Él dice que no quiere volver a tener novio, que eso ya se ha quedado muy antiguo. Sin embargo, cree que yo sí que necesito uno. Se lo dije a Silvia, mi psicóloga, y pareció alegrarse, aunque tampoco tiene muy claro qué es lo que quiero. Dice que necesito conectar conmigo, pero es que yo no sé hacer esas cosas. En realidad, yo solo sé trabajar.

Dice que necesito conectar conmigo, pero es que yo no sé hacer esas cosas. En realidad, yo solo sé trabajar.

Y, además, me basta con reflexionarlo un poco para saber que P. es la persona a la que más he querido en el mundo. Es una frase ciertamente rimbombante, pero en mi caso tiene muy poco fuste, porque yo no sé querer. Creo que sabía querer cuando era pequeño, pero con el paso de los años he perdido la práctica. De niño he querido mucho. Muchísimo. Sobre todo, a mi familia. Ese amor sigue ahí, inalterable. Un amor pétreo, compacto, irrompible. Quiero a mi familia y no hay más que hablar. Es algo innegociable, ahí me sale mi vena dictadora.

Con los años me he olvidado de querer porque me he pasado todo el tiempo trabajando. Es más: creo que estos años de profesión han sido tan duros que me he ido creando una armadura para no sufrir. Esa armadura lleva protegiéndome tantos años —o al menos intentándolo— de daños emocionales que, ahora que estoy un poco más centrado que antes, no sé por dónde empezar a desmontarla. En estos momentos en los que en mi profesión estoy cómodamente instalado y he conseguido mucho más de lo que creía que podría conseguir, me he dado cuenta de que, aparte de trabajar, no sé relacionarme con especial habilidad en otros campos.

Cuando alguien me viene a dar un abrazo, instintivamente lo aparto. Si estoy en una reunión y comienzan a halagarme, me pongo muy nervioso y deseo que cambien de tema inmediatamente. Me incomodan las caricias. No entiendo que a alguien le pueda gustar. En parte porque tampoco me explico que alguien pueda llegar a desearme. Soy Jorge Javier, no soy una persona. A los que salen en la tele se los sigue o se los odia. Pero no se los quiere. Hace mucho que no me siento querido. Querido de verdad, con todo lo que significa esa palabra. Me siento admirado, odiado. Pero querido no. Y a veces eso es algo que me inquieta, porque el tiempo juega en mi contra.

Cuando tienes treinta años y no aparece nadie en tu vida que te haga un poco de tilín, te la trae un poco al fresco, porque teóricamente todavía te queda mucho por vivir. Cuando tienes cincuenta y dos... empiezas a pensar de otra manera. Y es entonces cuando tienes que empezar a jugar con la variable de que a lo mejor no vuelve a aparecer nadie en tu vida. Tienes que acostumbrarte a esa posibilidad y aceptarla con todas sus consecuencias. Y las consecuencias, como todo en la vida, tienen matices. Pero creo que el secreto radica en disfrutar de lo que tienes y no recrearte en aquello de lo que careces. No es una visión derrotista de la vida, es realista. Aun así, hay temporadas en las que se hace difícil, en las que se echa en falta esa mirada que vuelve a ponerte en marcha el motor de la ilusión.

Cuando P. me dejó fui muy feliz. Me sentía libre, sin ataduras. Me despertaba y cantaba, que era algo que llevaba sin hacer la tira de tiempo. Empecé a tomarme en serio lo de cuidarme físicamente y se me quedó un tipín más que aceptable. Estaba yo en una segunda edad del pavo, pero a lo bestia. El trabajo seguía como siempre y la gira de *Grandes éxitos* funcionaba a las mil maravillas. Llenábamos en todos los sitios a los que íbamos y además reinaba un ambiente excelente en la compañía. Qué gran compañera encontré en Marta Ribera, que, siendo una figura dentro del musical, me acogió con muchísimo cariño. Cuánto me ayudaron Alejandro Vera y Beatriz Ros. Y los músicos, capitaneados por Julio Awad: Patxi, Raúl, Carlos. Después de cada función, salíamos a cenar y los más traviesos seguíamos la noche con la intención de hacer maldades.

Tuve rollos en muchísimas ciudades, tanto es así que Pedro —el sastre— y Alberto Dugarte —de maquillaje y peluquería— me amenazaban con que en la última función me colocarían en primera fila a todos mis ligues, cada uno vestido con la banda correspondiente de su ciudad.

Me viene a la memoria una noche muy especial. Estábamos en Granada, en un restaurante frente a la Alhambra. Inés León, maravillosa sustituta de Marta Ribera, nos llevó a las cuevas de un amigo suyo y Mila disfrutó como una niña cuando Inés se arrancó a cantar por Rocío Jurado. Mila se retiró pronto, pero los demás acabamos en un bar de ambiente donde conocí a un muchacho con el que todavía mantengo relaciones.

Suena a copla, ¿verdad? Pedro y Alberto no pudieron cumplir ese sueño de llenar la primera fila de la última función con la ristra de amantes que yo había ido conquistando en cada ciudad, porque por entonces hubo un imprevisto... Mi cuerpo me avisó de que no era yo el único que decidía en mi vida... Pero eso es algo que contaré un poco más adelante.

En esos meses en los que yo me sentía en las nubes, en realidad entré en una espiral muy obsesiva. Tras varios movimientos por parte de Hacienda, decidí armarme de valor y preguntarle a mi cuñado Eduardo, entonces mi administrador, cuál era la situación a la que realmente me enfrentaba. Nunca la había querido saber del todo. No tenía valor.

Yo era consciente de que se estaba librando la batalla. De vez en cuando él me contaba que habíamos ganado una parte, luego me venía con que habíamos perdido otra. La cuestión era que el calvario no finalizaba nunca. Llevaba cerca de quince años luchando mentalmente contra una historia que había surgido a raíz de un cambio de criterio de Hacienda.

Durante años, la mayor parte de los que nos dedicábamos al mundo del espectáculo y el entretenimiento habíamos facturado como sociedad. Lo correcto —según el nuevo criterio de Hacienda— habría sido hacerlo como personas físicas.

No me gusta ahondar en el tema, pero no porque me incomode, sino porque, por mucho que te expliques, siempre queda gente que jamás te quitará de encima el sambenito de defraudador.

Yo no lo soy. No soy un defraudador.

Formé una sociedad porque así me lo aconsejaron quienes gestionaban mis cuentas y, sobre todo, porque así *era como se hacía entonces,* como lo hacían todos los que trabajaban en mi sector. Salíamos ganando, pero también los que nos contrataban, porque al cotizar como sociedades ellos se ahorraban costes, entre otros los de la Seguridad Social.

Fue así hasta que, a causa de la crisis económica del 2011, de pronto decidieron que lo que ayer se daba por bueno ahora ya no servía. El criterio iba a ser otro. Había un filón importante para sacar tajada y, en medio de la necesidad, dispararon a discreción. Lo sé porque no fui el único que se vio envuelto en un problema sin saber por dónde le había venido: hubo compañeros de profesión que tuvieron que pedir créditos, otros vendieron sus casas, se marcharon de la capital para vivir en pueblos donde el coste de la vida fuera más asequible. Algunos todavía no han levantado cabeza. Algunos nunca lo harán.

Había un filón importante para sacar tajada y, en medio de la necesidad, dispararon a discreción.

Muchos de los que nos vimos envueltos en todo aquello tratamos de explicar nuestro caso, pero yo sé que es difícil que la gente lo entienda, porque bastante tiene cada uno con sus propias circunstancias. En mi caso, al menos, sé que soy un privilegiado porque he tenido la fortuna de seguir trabajando, pero conozco situaciones dramáticas. Sé de compañeros que, ya mayores y con pocas perspectivas de futuro, tienen que hacer frente a sumas que jamás podrán pagar, porque, aparte de lo que se nos pide, se nos impone una multa por el importe de la mitad que se nos reclama. Una locura.

Es, en definitiva, una sanción que crece y crece a pasos agigantados si no se paga. Crece hasta convertirse en una bola inasumible. Yo seguí luchando y hoy por hoy, afortunadamente, mi situación está absolutamente regularizada. Así lo he demostrado, por mucho que sigan apareciendo artículos en los que se asegura que debo dinero.

Sencillamente, son falsos. No debo absolutamente nada.

He perdido algunos de los litigios; también he ganado otros. Pero, sobre todo, me he dejado por el camino muchas, muchísimas horas de miedo. De rabia. De impotencia. Es complicado gestionar esa inquietante y permanente sensación de que tu tranquilidad pende de unos hilos que no ves, hilos que maneja gente a la que no puedes llegar y con criterios que no conoces.

Estamos indefensos porque jugamos contra la máquina, contra un organismo que establece las reglas del juego y tiene las herramientas para cambiarlas si tu avance por el tablero no termina de convencerle. Se revuelve de todas las maneras posibles porque no puede permitirse dejarte ganar y, si lo hace, será después de muchos años de enfrentamientos en los tribunales. Al final, inevitablemente, te lleva a preguntarte si ha valido la pena meterte en esa pelea. La respuesta es sí..., si tienes posibilidades económicas para hacerle frente y, en especial, si estás preparado psicológicamente para aguantar el tirón y soportar numerosas injusticias. Si tienes la mala fortuna de no disponer de una de las dos, no te quedará más derecho que el del pataleo. Abundo en la cuestión económica: tienes que avalar la cantidad que te exigen para poder pleitear y los primeros dos organismos a los que te enfrentas les pertenecen. Evidentemente, es muy difícil que durante ese proceso se quiten la razón a ellos mismos. Tras esos dos organismos y muchos años de quebraderos de cabeza, aparece por fin un juez que imparte justicia de manera independiente. Pero hasta que llegas ahí, ponte que te han quitado por lo menos entre cinco y siete años. Y luego, después de muchísimos años de calvario y de dejarte el dinero en abogados y procuradores, les ganas un montón de cosas. Parece de locos, ¿verdad? Pues, lamentablemente, es así.

Llegado el momento, tomas conciencia de algo durísimo: pese a que el sistema debería ser justo por naturaleza, en demasiadas ocasiones esa justicia brilla por su ausencia y se lleva por delante a aquellos que luchan lo indecible para mantenerse en pie.

Se cambió un criterio... Y acto seguido se aplicó la ley con carácter retroactivo. Se impusieron la voracidad y el afán recaudatorio, empujando a muchísima gente a la ruina. Todavía está por escribir la historia de aquella época. Cuando se haga, muchos de los que nos han criticado se llevarán las manos a la cabeza y ya nadie podrá decir a modo de insulto: «¡Que hubieran pagado!».

Uno de esos días, andaba yo con la cabeza como un bombo por todo esto y quedé a almorzar con Óscar y con Adrián, amigos del alma y productores de La Fábrica de la Tele, en un restaurante de Madrid. Les dije que si Hacienda me aplastaba como pretendía hacerlo, dejaría de trabajar. No me quedaban fuerzas, ni físicas ni psicológicas, para seguir luchando contra un monstruo que a última hora siempre se sacaba un as de debajo de la manga.

Al final, Hacienda no me destruyó, pero el coste ha sido muy alto. Si mi salud se resintió en esos días, como contaré a continuación, qué duda cabe de que este asunto tiene su parte de responsabilidad. Espero que estas líneas no levanten ampollas y me carguen con otra inspección. Por dos cosas: primero, porque para ser tan joven ya llevo unas cuantas. Y segundo: porque nunca sales indemne. Por más que tengas la casa limpia como una patena, siempre encontrarán una mota de polvo de la que hacer una montaña de porquería.

Existe la leyenda de que yo soy una persona que tiene mucho poder. Siempre lo niego, pero no me creen. Yo no tengo poder. Se puede decir que alguien tiene poder cuando posee los instrumentos necesarios para joderte la vida de tal manera que no vuelvas a levantar cabeza. Y en España hay gente con ese poder. Y te pueden llegar a aniquilar por mucho que te llames Jorge Javier Vázquez. Nadie con un poco de relevancia está a salvo de asistir en vida a su propio entierro. No estoy hablando estrictamente de Hacienda, pero estoy convencido de que este organismo es un instrumento que puede llegar a utilizarse para destrozar a la gente.

Antes de dar por buenas estas páginas en las que hablo sobre P., se las he enseñado a él para saber qué le parecen. No quiero que se publique nada que pueda provocarle el más mínimo dolor. Porque me dejó y yo fui feliz con ello, pero no quiero que se vea como un triunfo, sino como el acto de cobardía que fue por mi parte.

—¿Qué te ha parecido?

—Bueno... —responde tranquilo—. No he leído nada que no supiera ya. Para mí siempre estuvo claro: llegó un momento en que supe que sobraba.

A mí no me salían las palabras. ¿Cómo se decora una situación así?

—No me molesta que lo publiques, claro que no.

Se lo agradecí. De forma algo aturullada, traté de explicarle que las personas no sobran, pero yo sé que con él no hacen falta paños calientes, así que al cabo de unos minutos pasamos a otras cosas y todo volvió a la normalidad.

No me gusta que P. crea que *sobraba* en mi vida. Me parece cruel ese verbo. E injusto. Además, no es verdad, él no sobra en mi vida..., aunque, por mucho que me cueste reconocerlo, quizá en aquella vida sí. Estaba demasiado atento al ruido que se generaba a mi alrededor. Imaginando otras vidas y otros cuerpos. Otros inicios. Otras emociones.

No sé si hicimos bien separándonos. De verdad, no lo sé, porque, así como soy capaz de conducir un programa de cuatro horas con una facilidad pasmosa, no me siento preparado para mantener una conversación profunda con la persona que mejor me conoce del mundo y que ha sido mi pareja durante diez años. No puedo. No me sale decirle algo que pueda herirlo, decepcionarlo. No puedo mirarle a los ojos y hacerle daño. Prefiero mirar para otro lado, mentirme y pensar que podemos llegar a encontrar esa solución que nunca aparecerá.

Así como soy capaz de conducir un programa de cuatro horas con una facilidad pasmosa, no me siento preparado para mantener una conversación profunda con la persona que mejor me conoce del mundo y que ha sido mi pareja durante diez años.

Pero qué duda cabe de que me equivoqué.

En su momento no tuvimos ninguna conversación. Tras nuestra separación, P. se enfrentó a una de las peores etapas de su vida. Y yo me he dado cuenta de que es ahora, cuando a raíz de la muerte de Mila estamos hablando tanto de nosotros, que estoy pasando el duelo por nuestra ruptura.

Soy consciente de que hemos roto cuatro años y medio después. No está mal. Nadie podría acusarme de vivir acelerado en el terreno sentimental. He llorado por la ruptura, pero me ha tranquilizado saber que él sigue a mi lado.

3

La palabra maldita

El 10 de marzo de 2019 sufrí un ictus. A pesar de que ya llevamos unas páginas, el inicio de esta historia se produjo aquel día.

Si miráis la fecha en el calendario, comprobaréis que era domingo. Y lo era. Pero muy temprano. El ictus me pilló en la barra de una discoteca de Marrakech, sobre las dos o las tres de la madrugada. Ya sabes, de esto que sales de marcha un sábado por la noche y vuelves al hotel de pura chiripa porque has estado muy a puntito de irte al otro barrio. Lo normal.

El ictus me pilló en la barra de una discoteca de Marrakech, sobre las dos o las tres de la madrugada.

Cristina y yo llegamos a Marrakech el viernes y nos alojamos en el Royal Mansour, uno de los mejores hoteles que conozco en el mundo entero. Lujo, sí, pero refinado, nada apabullante. Un servicio exquisito que no te invade cada dos por tres con preguntas sobre qué te está pareciendo la estancia —más que nada, porque saben de sobra que estás encantado— y unas habitaciones espectaculares. En realidad, más que habitaciones, cada una de ellas es un *riad* de tres plantas: en la planta baja hay un salón con su correspondiente patio; en la segunda, las habitaciones, y en la tercera, un coqueto solárium con una no menos coqueta alberca. Una monería, que diría de nuevo mi madre.

Después de acomodarnos en el hotel, y antes de ir a disfrutar de la piscina, bebimos un poco de champán. Ya en la piscina, bebimos otro poquito..., y durante el almuerzo un poquito más. Quiero decir con esto que entre una cosa y otra nos plantamos a las seis de la tarde *ligeramente* achispados.

Para cualquier otro, eso será poca cosa, pero es que a mí, cuando el achispamiento me entra en el cuerpo, el ardor sexual me invade de tal manera que me pongo imposible. Así que decidí apagarlo echando mano de Grindr. No recuerdo cuánto tiempo perdí hablando con unos y con otros, pero quiso la buena fortuna que un chico negro muy mono quisiera quedar conmigo para pasar un rato agradable. Dejé a Cristina en la habitación y fui a por él a un par de minutos del hotel.

Cuando llegó, me di cuenta de que no era tan mono como en la fotografía, el pan nuestro de cada día, pero como a mí me da mucha vergüenza decir que no, decidí continuar con la aventura, aunque solo fuera por educación. ¿Quién no se ha acostado con alguien por educación? Pues eso.

El chico hablaba poco y no me miraba a los ojos, pero llegué a la conclusión de que, con la calentura que llevaba, tampoco era el momento de ponerme exquisito. Llegamos a la habitación y nos encerramos en el salón. Nuestro encuentro fue poco memorable. Duraría... ¿diez minutos, quizás? Al finalizar —yo, él no— me puse el elegante albornoz y me dispuse a despedirlo con la mejor de mis sonrisas. Pero en cuanto terminó de vestirse, me pidió dinero. Yo quise entender que era para el taxi, pero cuando vi que los cincuenta euros que le di no le parecían suficientes, me empecé a mosquear.

Se puso bravo. Y yo más. Al ver que no cedía, optó por la salida del chantaje más burdo: se bajó los pantalones y los calzoncillos y, no recuerdo de qué manera, pero me dejó bien claro que, si no accedía a sus pretensiones económicas —quería más y más euros—, «todo el mundo se iba a enterar de que yo era marica». Sé que, en un país como el suyo, poco permisivo con el tema, aquello sonaba a amenaza.

Pobre. El chico tuvo la mala fortuna de dar con uno de los maricas más conocidos de España, así que abrí la puerta del *riad* y me puse a pedir auxilio como un desesperado. Cristina apareció como por arte de magia y se encaró con él con la vehemencia de una *mamma* napolitana. ¡Qué aspavientos! ¡Qué firmeza en sus formas! Parecía que estaba luchando contra la detención ilegal de su hijo. Era como la Maria del Mar Bonet del «*què volen aquesta gent que truquen de matinada?*».

El chico tuvo la mala fortuna de dar con uno de los maricas más conocidos de España.

El muchacho empezó a sospechar —no sería tonto del todo— que su plan no estaba funcionando como esperaba. Aparecieron dos señores de seguridad del hotel, les expliqué con total tranquilidad lo que me había sucedido y lo echaron sin contemplaciones. Antes, me devolvió todo el dinero que le había dado. El muchacho desapareció de la habitación resoplando de rabia, los de seguridad nos desearon buenas noches y Cristina y yo, pasados unos lógicos momentos de inquietud, decidimos arreglarnos y tirarnos a las calles para disfrutar de la noche marroquí. Los malos tragos jamás nos han impedido seguir viviendo. Al contrario, nos han empujado a beber más intensamente.

El sábado empecé a hablar por Grindr con Juan, un muchacho vasco. Estaba solo en Marrakech, así que, después de pasar el día con Cristina, quedé con él para adentrarme en la noche manifiestamente gay de la ciudad, que parece ser que la había y yo todavía no me había enterado.

El local de ambiente se llamaba British y no tenía nada de especial. Juan y yo congeniamos desde el primer momento y la verdad es que la noche me estaba resultando muy divertida recorriendo una y otra vez los tres pisos del local. *Putivueltas,* lo llaman ahora. Bebíamos como si tuviéramos un hijo en la cárcel, que es una expresión que utiliza mucho mi amiga Patricia y que considero la mar de ilustrativa. Bebíamos, intentábamos ligar con el camarero, luego bebíamos un poquito más, y así durante algunas horas. Hasta que Juan me dijo:

—Jorge, que te has desmayado.

—¿Cómo que me he desmayado?

—Que sí, que sí —insistió—. Que te he dejado un momento en la barra y para cuando he vuelto estabas tirado en el suelo. Te has caído a plomo y te han tenido que sacar entre varios del local porque no reaccionabas. Nos hemos asustado muchísimo porque has estado un par de minutos o tres inconsciente.

Estábamos en la calle. Sentados en un portal. Yo me encontraba bien, a pesar de todo. Un poco aturdido, quizás. Escuchaba a Juan, pero un tanto incrédulo, y eso que era evidente que él estaba intranquilo. Asustado, incluso.

—¿Estás bien de verdad?

—De verdad que sí —respondí con seguridad—. Venga, entremos de nuevo en la discoteca.

Y eso hicimos. No sé cuánto tiempo pasó, pero permanecimos en ella hasta que la cerraron. A la salida me despedí de Juan, me monté en un taxi con dos chicos —uno muy simpático, el otro no tanto— y acabé en un piso de la periferia de Marrakech. Vamos, tan de la periferia que podría haber estado incluso en otra ciudad... Así de periférico era todo.

Me enrollé con el simpático en el diminuto salón de la casa. Todo iba bien hasta que, de repente, el menos simpático irrumpió en la habitación muy cabreado. Mentiría si dijera que no me asusté un poco, porque, para los que desconocemos el idioma, cuando la gente se cabrea en árabe parece que se cabrea el triple y que en cualquier momento va a iniciarse el apocalipsis. No me lo pensé mucho: recogí mi ropa, me vestí y me fui.

Así que hagamos recuento: yo, con tres o trece copas de más, un desmayo encima, un polvo interrumpido por un señor cabreado en árabe y la noche periférica de Marrakech o de vaya usted a saber dónde. La aparición de un taxi la celebré como quien descubre petróleo. Qué movidito estaba resultando el viaje, joder.

El domingo me desperté tarde. Tanto que me salté el desayuno del Royal Mansour. Una auténtica pena, porque esos desayunos me vuelven loco: un poquito de zumo de naranja, huevos benedictinos con salmón, bollería finísima, café americano sin parar... Una delicia. Cristina intentó arrastrarme, pero le resultó imposible. La resaca me aniquilaba. Cuando volvió a la habitación, yo seguía en la cama, incapaz de poner un pie en el suelo y reincorporarme a la vida. Me preguntó por mi noche.

—Me desmayé en una discoteca —le confesé sin terminar de creérmelo todavía—. Me desmayé. ¿Tú sabes lo que es eso? Que me desmayé de borracho, Cristina... Esto tiene que parar, no puedo seguir así. Imagínate que me pasa en Madrid y me hacen fotos. Me muero de la vergüenza. Y el disgusto que le doy a mi madre no se lo quita de por vida. Joder, qué asco me doy. Qué puto asco.

En situaciones así —y ya se ha encontrado con varias— Cristina no hurga en la herida. Se dedica a escucharme con paciencia infinita y luego, cuando se me van yendo los miedos y voy recuperando poco a poco el sentido común, charlamos con tranquilidad. Relativizamos y reflexionamos. Y siempre decidimos seguir. Aunque no sabemos hacia dónde, para ser sinceros. Somos como ese tango que dice: «Vamos, vamos, vamos a ninguna parte». Pues eso.

Pasamos el día vagueando en la piscina. Al caer el sol nos pusimos monos y salimos a dar un paseo por la ciudad, que en Marrakech es una opción que jamás decepciona. Y claro, nos empezamos a animar. Yo más que ella, pero eso tampoco era una sorpresa. Yo es que me sobrepongo a las desgracias con la misma facilidad con la que vuelvo a tropezar con las mismas piedras.

Así que mientras ella regresaba al hotel, yo me puse otra vez en contacto con Juan y volvimos a las andadas. Al llegar al British, la discoteca en la que me había desmayado, nos encontramos en la puerta con un joven que nos recibía muy sonriente. Incluso alegre, diría yo.

Yo es que me sobrepongo a las desgracias con la misma facilidad con la que vuelvo a tropezar con las mismas piedras.

—Dale las gracias, Jorge —me dijo mi vasco señalando al otro—. Durante los minutos que estuviste inconsciente, él te sujetó en brazos con muchísimo cuidado. Te acunó como si fueras un bebé.

Si esa imagen se llega a publicar en España, seguro que algún miembro de determinado partido político habría puesto un tuit asegurando que en realidad lo que yo quería era comerle el rabo al muchacho. Acordaos de lo que sucedió con aquel inmigrante desolado que recibió un hospitalario abrazo de una voluntaria. La imagen era conmovedora, pero algunos quisieron ensuciarla achacándole unas connotaciones sexuales tan sucias como perversas.

Le di las gracias al chico, claro. Y él sonrió. Recuerdo que tenía unos rasgos muy bondadosos. Yo no quise dedicar mucho tiempo a imaginarme inconsciente en brazos de un desconocido en el portal de una discoteca de Marrakech. Me parecía que no era la imagen indicada para comenzar una noche de juerga. Así que le di de nuevo las gracias y me metí en la discoteca dispuesto a olvidar. Y a beber, claro.

Me puse a tontear con uno que había conocido la noche anterior. Muy guapo, no llegaba a los treinta años. Muy educado. Intenté darle un beso, pero me apartó la cara.

—En público no —dijo.

Con lo cual, yo entendí que en privado sí que me los daría. O sea, que había ligado. O sea, que esa noche habría sexo. Tampoco se me estaba dando tan mal Marrakech, después de todo.

Me olvidé del desmayo del día anterior, de la vergüenza y del complejo de culpa. También de la promesa de beber menos. Y me entregué a la noche en todo su esplendor. Al final, el jueguecito de la seducción me puso tan caliente que le pedí que nos fuéramos a un lugar donde pudiéramos jugar sin ser juzgados. O algo así, vamos. Tampoco se lo diría de una manera tan elaborada, ¿eh?

Me olvidé del desmayo de la noche anterior, de la vergüenza y del complejo de culpa. También de la promesa de beber menos.

Era ya muy tarde, había bebido y entre los dos nos comunicábamos en un idioma imposible, mezcla de francés, inglés, español y esa universal lengua de signos que se reserva para el sexo. Me debió de entender bien, porque nos largamos y empezamos a caminar bajo la estrellada noche marroquí. Separados, para que la gente no pensara mal, claro. Aunque poco lugar a la imaginación tuvimos que dejarle al señor del quiosco que nos vendió lubricantes y preservativos.

—¿Eres pasivo? —le pregunté.

—No, no. Siempre activo.

No entraba en mis planes que esa noche me la metieran. Aun así, me resistí a venirme abajo, porque en el sexo hay una infinidad de cosas más allá de la penetración, pero me dio en la nariz que un chaval marroquí que se definía como «siempre activo» no auguraba nada bueno. No tenía mucha pinta de ser de los que asumen las caricias, los besos, los roces y otros juegos como parte del sexo.

Me puse alerta. La cosa iba regular. Sin saber yo muy bien cómo, empezamos a adentrarnos por la medina. Pasear por esa zona de Marrakech es un auténtico privilegio, y más si lo haces en plena noche. Silenciosa, más misteriosa que nunca, la ciudad te envuelve.

Al cabo de un rato llegamos a un portal muy discreto, y él, antes de entrar en la casa, me pidió que esperara allí. Así lo hice. Pero pasaron los minutos. No sé cuántos. Desde dentro, me llegó el rumor de una conversación agitada. Me vino a la cabeza el cabreo en árabe de la noche anterior. Volvió a salir el chico, un tanto apurado ahora. Me pidió que esperara un poco más. Y yo acepté.

Seguro que no hace falta que jure que me he metido en situaciones muy complicadas por un ratito de sexo, pero a esas alturas llegué a la conclusión de que el viaje estaba resultando tan accidentado que no me extrañó, en un instante de lucidez, escuchar que mi voz interior me decía: «Vete». Y lo hice.

Hui a paso ligero, sin girarme por si acaso el chico salía a buscarme, porque soy tan terco que me hubiera metido en esa casa. La medina me pareció más mágica que nunca cuando, después de recorrer unos pocos metros, apareció de la nada un taxi que me devolvió al hotel sano y salvo. Segunda nochecita movida en Marrakech, qué ganas de rutina.

El lunes le dije a Cristina que se tomara el día libre y yo me dediqué a martirizarme como solo uno mismo sabe hacerlo. Con saña. Sin compasión. Sabía y me repetía que no podía seguir así, desmayándome por las discotecas por mi querencia al alcohol. Cristina aguantaba mis peroratas como una santa, es decir, como lo que es. Pese a tenerlas ya muy oídas, jamás advertía en ella síntomas de aburrimiento o de «a esta cancioncita hay que ponerle música». Es toda una profesional.

El martes volvimos a España. Yo, en lugar de *souvenirs,* me traía de recuerdo un complejo de culpa que no me cabía en la maleta y un incipiente dolor de cabeza que me llevaría por la calle de la amargura durante toda la semana. Por la noche presenté un *prime time.* En la mañana del miércoles entrené con Fernando y, entre ejercicio y ejercicio, rabiaba de dolor. Fernando, que evidentemente no tenía ni idea de lo que en realidad sucedía, me recomendaba que le diera fuerte porque así el dolor desaparecería.

Cuando, pasados unos días, por fin nos enteramos de lo que se había estado gestando en mi cabeza, nos asustamos muchísimo solo con pensar en aquella mañana de entrenamiento y las consecuencias que podría haber tenido. La que se podría haber liado, por Dios.

Terminado el entrenamiento, fui a darme un masaje corporal y le tuve que pedir a la terapeuta que me tapara los ojos porque la luz se me clavaba en el cerebro como un puñado de cuchillos. Estaba experimentando sensaciones extrañísimas y dolores que no había sentido jamás. Por la tarde fui a trabajar. Y también el jueves por la noche. La verdad es que no sé cómo pude hacerlo, porque, al hablar, el sonido de mi propia voz me provocaba un terrible dolor en la cabeza. Cada sílaba pronunciada era un aguijón que se me clavaba sin piedad en el cerebro. Al acabar el programa, valoré incluso la

Por la tarde fui a trabajar. Y también el jueves por la noche. La verdad es que no sé cómo pude hacerlo, porque, al hablar, el sonido de mi propia voz me provocaba un terrible dolor en la cabeza.

posibilidad de ir al médico, pero, al final, preferí seguir atiborrándome a unos ibuprofenos que cada vez me hacían menos efecto.

Como el viernes lo tenía libre, aproveché para ir al teatro a ver a Carmen Maura. Decliné la oferta de salir a tomar una copa después de la función. ¡Cómo estaría yo!

El sábado ya no pude más. Me desperté alrededor de las cinco de la madrugada con un dolor que ya me impedía hasta moverme. Tenía que tomar una determinación, porque al día siguiente tenía un bolo en Tudela con mi función *Grandes éxitos* y yo no podía viajar en esas condiciones.

Sobre todo, tenía miedo. Mi padre había muerto de un tumor cerebral, su tía también había sido operada de un tumor en la cabeza que afortunadamente resultó benigno. No pude evitar acordarme del diseñador David Delfín, que también falleció jovencísimo por un tumor cerebral. No había duda. Yo también tenía un tumor. Debía armarme de valor y enfrentarme a la noticia con celeridad para dejar todo preparado antes de mi muerte.

Acudí a urgencias en un hospital cercano. Me hicieron un escáner y me detectaron una pequeña mancha en el cerebro. Debían hacerme una resonancia, pero hasta el lunes no era posible.

—Lo suyo es que te quedes ingresado y así te tenemos controlado. Vamos a ponerte calmantes de manera intravenosa y ya verás como mejoras.

—Esta noche tengo programa y mañana una función de teatro.

—Yo te recomiendo que te quedes. No sabemos qué puede ser la mancha. ¿Quieres avisar a alguien para que te traiga ropa y material de aseo?

—Sí, yo me encargo.

No lo dudé. Llamé a P.

Se había ido de casa hacía poco más de un año, una semana antes de que estrenara *Grandes éxitos* en Madrid, como ya he contado, y desde entonces no nos habíamos visto. Cuando yo salía de gira los fines de semana, Juan, el gerente de la función, avisaba a P. de que ya podía presentarse en mi casa y así pasar un rato con los perros y cuidar de ellos. Gracias a las buenas artes de Juan, jamás nos habíamos encontrado.

Nos habíamos enviado wasaps, eso sí, y se suponía que el encuentro se iba a producir de un momento a otro. «Esta es nuestra oportunidad», pensé. «Qué mejor manera de reencontrarme con él: en la cama de un hospital y con una vía enganchada al brazo».

No recuerdo si le llamé o le envié un wasap, pero el caso es que al poco tiempo se presentó en el hospital con una maletita, y al vernos, todo fluyó como si tal cosa. Como si nada hubiera sucedido. Nos conocíamos a la perfección y ambos sabíamos que no era el lugar adecuado para hablar de por qué se fue. Es más, es que yo creo que ninguno de los dos teníamos ninguna gana ni necesitábamos enfrentarnos a esa conversación. ¿O sí?

A veces creo que P. y yo nos comunicamos de manera telepática, fíjate. Nos dirigíamos miradas y sonrisas de complicidad. Pero poco más.

El fin de semana transcurrió con placidez. Los medicamentos que me suministraban por vía intravenosa cumplían su cometido y yo aproveché para leer, dormir, entretenerme con programas absurdos de la tele, recibir alguna que otra visita. El domingo, por ejemplo, aparecieron Marisol y Antonio en compañía de Mila, que se presentó con un jamón serrano buenísimo.

—¿Y si te acercas a casa y traes un par de botellas de Vega Sicilia? —propuse yo, que ya me había venido arriba.

—Voy a preguntar si puedes beber vino —replicó él.

Y fue que no, para no interferir con los medicamentos.

A falta de mejores cosas que comentar, empezamos a elucubrar acerca de qué podría haber sido lo que me había llevado hasta allí.

—Será el estrés —decía uno.

—Puede que sea migraña —aventuraba otro.

—Vete tú a saber —concluía el más sabio.

P. aprovechó que ellos se iban para acercarse a casa y traer latas de berberechos, mejillones en escabeche, almejas y alguna que otra tontería que encontrara por allí. A fin de cuentas, a un domingo en un hospital hay que echarle un poco de gracia.

El lunes comenzó de buena mañana con una resonancia. Vieron que la pequeña mancha que había aparecido en el escáner era sangre, de ahí el terrible dolor de cabeza. Tenían que seguir haciendo pruebas para investigar y descartar. Bien. Mientras esperaba, aproveché para darme un homenaje en forma de desayuno. Café a espuertas, cruasanes, algún que otro yogur caería. ¿Chocolate? Sí, quizás también.

En esas estaba cuando llamaron a la puerta. Un enfermero. Me contó que tenían que hacerme un cateterismo, así que venía a raparme las ingles. A mí me dio una vergüenza bien tonta, y eso que me he hecho el láser en todas partes.

—¿Me las puedo rapar yo?

—Sí —concedió él—, pero bien rapaditas, ¿eh?

El cateterismo se hace con sedación, así que lo programaron a última hora de la mañana, para que la anestesia fuera bien. Lo mismo que la menstruación y la permanente, parece. Separadas para que no se toquen.

Para quien no sepa lo que es un cateterismo: te hacen una incisión milimétrica en la ingle y te meten un tubo con una camarita que recorre tu cuerpo hasta, en mi caso, la cabeza. Por el lado contrario por donde te han metido el tubo, por si el cuento se te ha quedado poco curioso. Ingeniería pura.

Yo me sentía tranquilo y optimista. Estaba en el hospital, bien atendido, bien cuidado por P.... Si la cosa iba rápida, todavía podía llegar a presentar el *Sálvame* de la tarde.

Yo me sentía tranquilo y optimista. Estaba en el hospital, bien atendido, bien cuidado por P.... Si la cosa iba rápida, todavía podía llegar a presentar el *Sálvame* de la tarde.

A última hora de la mañana me bajaron en camilla al quirófano. Detesto ese paseíllo, me parece similar a la *pena de telediario.* Así que nada más salir al pasillo me tapé entero, por eso y porque me encontraba en una posición muy vulnerable. Me da mucha vergüenza cuando en alguna ocasión me he visto en una situación similar y he escuchado entre cuchicheos: «Mira, ahí va el de *Sálvame*».

Soy muy partidario de la anestesia en general y de la sedación en particular. Me producen un placer indescriptible. Esa sensación tan agradable de que te vas, te vas y no solo no lo quieres impedir, sino que te dejas ir. Pero en esta ocasión no me subió del todo. Y me puse a repasar mentalmente el texto de mi función *Grandes éxitos* para entretenerme. Recuerdo que me costaba. Y entre repaso y repaso escuché palabras sueltas: *grave, urgente.* Incluso creo que llegué a escuchar la palabra *muerte,* pero no le di mayor importancia. La sedación ayuda a enfrentarse con serenidad a las grandes incógnitas de nuestra existencia.

Tras la prueba, vuelta a la habitación. Y al ratito aparecen dos médicos con unas caras desencajadas. Sobre todo uno, que la traía tan blanca como el papel de fumar. ¿Qué me dijeron? Pues no lo tengo muy claro. Solo que me tenían que operar de la cabeza para arreglar lo que había sucedido y que para eso tenían que ponerme un *stent*. Me pareció muy bien lo que me contaban. Me habría parecido muy poco de recibo no haber ido a un *Deluxe* y cancelar una función por una simple migraña. Lo suyo era que la excusa fuera algo contundente, y una operación de cabeza no estaba mal del todo.

—Pero no es nada importante, ¿verdad?

A los médicos se les congeló la media sonrisa, con la que intentaban tranquilizarme, mientras trataban de explicarme que pasar por un quirófano no es como dar una putivuelta. Ellos jamás utilizaron el término *putivuelta,* lo escribo yo para que os hagáis una idea.

A los médicos se les congeló la media sonrisa, con la que intentaban tranquilizarme, mientras trataban de explicarme que pasar por un quirófano no es como dar una putivuelta.

—Es una operación seria, sí —concluyó uno de ellos con autoridad—, pero estamos acostumbrados a hacerla.

Como yo soy especialista en no escuchar cuando no me conviene, mi cerebro únicamente procesó que me iban a operar, pero que, por lo que me contaban, la operación era lo que a una modista hacer el bajo de un pantalón. Pan comido.

—Pues muy bien, cuando queráis.

—¿Has comido algo? —quiso saber el otro.

Cómo me verían de indeciso que decidieron programar la operación sobre las ocho de la tarde, para ir sobre seguro con la anestesia general.

P., que es el orden personificado, comenzó a atar todos los cabos de la Operación Estancia en el Hospital: tenía que pedir la baja, traerme más ropa, hacer llamadas... Yo me encargué de llamar a mi familia, a todos menos a mi madre. La conocía y no quería que se preocupara antes de tiempo. A los demás miembros —hermanas, cuñados— los puse al tanto, pero cuál sería mi tono de voz —tranquilidad absoluta— que creo que logré inquietarlos lo justo. Nunca les he preguntado cómo vivieron esa tarde. Quizás ahora que estoy escribiendo este libro me dé por hacerlo.

Quien sí vino a hacerme compañía fue Adrián Madrid. Le llamé y se presentó en el hospital porque me conoce mejor de lo que me conozco yo mismo. Porque, aunque le explicara que tenían que operarme de la cabeza de una manera casi frívola, él pudo llegar a intuir que pasaba algo serio. Porque él sabe que a mí me cuesta encajar las noticias importantes. Mi cerebro las recibe, pero no las procesa al momento para

A mí me cuesta encajar las noticias importantes. Mi cerebro las recibe, pero no las procesa al momento para que no me dé un ictus. La cosa tiene su ironía, no me digas que no.

que no me dé un ictus. La cosa tiene su ironía, no me digas que no.

Mi cerebro puede llegar a enterarse de algo que no le conviene escuchar tras una semana. En algunos casos, incluso dos. Así que, tras la llamada, Adrián no dudó en presentarse en el hospital. Lo recuerdo sentado en un butacón a la derecha de mi cama.

¿De qué hablamos? Pues de lo de siempre en estos casos. De lo mucho que nos queríamos, de que todo iría bien, de la que se había liado por la caída en la discoteca de Marrakech, de que a lo mejor debería dejar de beber tanto.

—Oye, si me muero, a ver cómo lo dais en el programa —le advertí—. Que os conozco, ¿eh? No me saquéis gordo.

—Claro, claro.

—Y ponéis los vídeos en las horas de mayor consumo, que no pasen desapercibidos. Y no llaméis a Paloma San Basilio, que a la pobre siempre la llaman cuando me pasa algo. Debe estar hasta el mismísimo coño de esas llamaditas. Que tampoco debe ser lo mismo que te llamen para hablar de Jorge Javier Vázquez a que lo hagan para que hables de C. Tangana, si yo lo entiendo. Pero fíjate, creo que tendría más repercusión mi muerte.

—Descuida.

—Por cierto, Adrián, que estoy pensando que solo tengo hecho un testamento y en ese no estaba incluido P.

Y quiero dejarle cosas, claro, porque es una persona importante en mi vida. ¿Te hago una lista?

—Mejor grábalo —apuntó él con razón—, que tendrá más validez.

—Venga, pues saca el móvil —le pedí, y esperé a que me diera la señal con un gesto de la cabeza—. ¿Ya? Yo, Jorge Javier Vázquez, en pleno uso de mis facultades mentales y antes de someterme a una operación en la cabeza, le dejo a P. mi casa de la calle Bordadores de Madrid y un millón de euros en efectivo...

Mientras me grababa el vídeo, vi a Adrián haciéndome gestos con la cara. Entendí perfectamente lo que me quería decir: que estaba siendo muy poco generoso con P.

—Perdón, le dejo *dos* millones de euros en efectivo. Y, para que así conste, aquí lo dejo grabado. ¡Corta!

Y Adrián y yo seguimos a lo nuestro, que sería recordar batallitas vividas, reírnos y desear que pronto se produjeran muchas más.

Conforme avanzaba la tarde y se iba acercando la hora de la operación, me iba inquietando lo que estábamos haciendo con mi madre: mantenerla alejada de «todo esto» para que no sufriera. Pero claro, «todo esto» estaba relacionado con su hijo. Y una operación de cabeza es una operación de cabeza. Hablé con P., con Adrián y con el resto de la familia. Sí. Me confirmaron lo que yo ya sospechaba: que teníamos que llamarla.

—¿Qué te han dicho? —me preguntó en cuanto empecé a contarle—, ¿sabes algo de las pruebas?

—Sí. Que me tienen que operar de la cabeza para arreglar una cosa, pero que no te preocupes, porque es algo que hacen continuamente.

Silencio.

—Pero ¿qué tienes?

—No, nada —respondí con algo que esperaba que fuera total tranquilidad—. Me van a poner un *stent* y ya está. Una cosa cortita.

Más silencio.

—¡Ay, Jorge! ¿Seguro?

—Sí, sí. Que no es nada. En un par de horas estoy listo.

Silencio. No sé qué decirle y ella tampoco encuentra palabras.

—Llámame en cuanto acabe todo —me pide al final—, ¿eh?

—Hombre, claro. Tú estate tranquila, que en un rato te llamo.

Colgué. Trámite superado. Ni «te quieros» ni pollas en vinagre. A los problemas hay que plantarles cara y no llorar antes de tiempo.

Ahora me doy cuenta de que jamás le he preguntado cómo pasó esas horas en las que yo estaba en quirófano. Es una de las cosas buenas que tiene la escritura: te puede dar respuestas a preguntas que en su momento no te apetecía hacer. Que no se me olvide.

A última hora de la tarde comenzó el festival. Me despedí de P. y de Adrián en la habitación. Y de Mila, Alberto Díaz —uno de mis directores, pero sobre todo amigo—, Cristina y Paolo Vasile en el pasillo. No me preguntéis cuándo llegaron, aparecieron como por arte de magia. Yo ni estaba nervioso ni tenía miedo. Si moría durante la operación, no me iba a dar cuenta, así que la cosa tampoco era tan grave. Sería una buena muerte.

Es una de las cosas buenas que tiene la escritura: te puede dar respuestas a preguntas que en su momento no te apetecía hacer.

Mientras me llevaban al quirófano, iba recitando padrenuestros y repitiendo un mantra que me habían enseñado en un curso sobre meditación trascendental. Antes de dormirme, la enfermera me dijo:

—Tranquilo. Estas operaciones las hacemos todos los días.

Y yo me tranquilicé, porque soy muy bien mandado.

Desperté en la UCI como si nada. Pasaron un momentito a saludarme todos los que habían venido. Recuerdo a Cristina, Mila y Alberto muy emocionados y a Paolo no sabiendo muy bien qué decir. En muchas cosas es un as, pero en tema de hospitales se maneja regular. Y a mí me hace mucha gracia verlo tan nervioso. P. se quedó un poco más. Todo había ido bien. Todo solucionado. Hasta hablé con mi madre y la tranquilicé. A dormir y a otra cosa, mariposa.

Al día siguiente me llevaron a la habitación y por la mañana bien temprano aparecieron mis hermanas y mi madre. Nerviosas por lo que podían llegar a encontrarse, pero un poco más tranquilas cuando comprobaron que el crío estaba tan campante. Se habían asustado, eso sí. Mucho. *Operación* y *cabeza* son dos palabras que, cuando se juntan, causan un gran impacto. Pero yo no dejé mucho resquicio para que la llama de la pena ardiera en la habitación. «Todo bien, no os preocupéis.» No me gusta que se preocupen por mí, aunque yo lo paso fatal cuando se van de vacaciones en verano porque me da miedo que se muevan en coche. Hasta que no llegan a sus casas no respiro tranquilo.

—Jorge, cómo no nos vamos a preocupar. Soy tu madre. Y ellas tus hermanas. Y, aunque no te guste, para nosotras sigues siendo «el niño».

Estuvieron un ratito acompañándome y luego P. se las llevó a casa para que se acomodaran. Tenían previsto quedarse unos días, hasta que me dieran el alta.

No recuerdo en qué momento pasó el neurocirujano a mi habitación. Pero sí que me pidió que nos sentáramos en unas butacas que había ahí para charlar tranquilamente acerca de lo sucedido. Fue entonces cuando pronunció la palabra maldita: *ictus*.

Me quedé en *shock*. La gente tiene secuelas cuando tiene un ictus: a unos se les paraliza media cara, a otros, medio cuerpo, y tienen que hacer una recuperación larga y tediosa. Yo creo que Sharon Stone tuvo hasta que aprender a hablar de nuevo. ¿Y a mí nada de nada?

—Tuviste mucha suerte, Jorge. Lo que te ha sucedido es muy grave. La mortalidad en esa clase de ictus es muy elevada. Tuviste un pequeño derrame, pero la vena se cerró de manera instantánea. Te lo repito, has tenido mucha suerte. Hemos tenido que poner dos *stents* por seguridad, porque al colocar el primero se ha rasgado un poquito la vena. Nada importante. A partir de ahora, se trata de cuidarse más, vivir con el menor estrés posible, descansar.

—¿Cuándo podré volver a trabajar?

—Si la cosa va bien, en un mes. Ahora te toca reposar.

Ictus. Ictus. Ictus. Qué palabra tan fea. Así que un ictus. Me podría haber muerto. Pero no me he muerto. No me ha pasado nada, en realidad. Reposo un poquito más en el hospital y me voy a casa. Un susto. Nada. Ictus. La muerte. Me ha rozado, sí, pero he conseguido evitarla. Ha pasado de largo. Me podría haber muerto. Pero no me he muerto. Tampoco hay que darle más vueltas al tema. Fin.

***Ictus. Ictus. Ictus.* Qué palabra tan fea. Así que un ictus. Me podría haber muerto. Pero no me he muerto. No me ha pasado nada, en realidad.**

Me daba mucha vergüenza, pero tuve que hacerle la pregunta a mi neurocirujano, que tenía pinta de ser más vergonzoso que yo:

—¿Puedo tener sexo?

—Sí. Pero normal.

¿«Normal»? ¿Qué es «normal»? No me vi con fuerzas para indagar mucho más, porque lo noté apurado. ¿Tenía yo pinta de jugar con arneses y tener un columpio en casa? Para vuestra información: no. No los tengo.

Todos los que estaban a mi alrededor le dieron más importancia que yo a lo que me había sucedido. Mientras los demás veían en el ictus un aviso, yo solo le otorgaba la categoría de contratiempo. Todo controlado.

Mi madre y mis hermanas, como buenos familiares que me quieren, comenzaron a ofrecerme una larga lista de recomendaciones. No puedo decir quién pronunció cada una de ellas, pero sí recuerdo algunas:

—No tienes que trabajar tanto.

—Antes de hacerlo, pregunta si te puedes decolorar el pelo.

Como si la decoloración atravesara el cuero cabelludo y pudiera dañar el *stent*.

—Pregunta a ver si puedes tomar el sol.

Como si el *stent* se pudiera derretir.

—No pienses tanto.

—No bebas tanto.

—Jorge, es que a partir de ahora...

Y ese «a partir de ahora» era lo que realmente me encogía el alma. ¿Cómo iba a ser mi vida a partir de ahora? ¿La de un señor mayor que debe evitar todo sobresalto? ¿Me merecía la pena vivir a medio gas justo en este momento de mi vida en el que me lo estaba pasando tan bien?

Ese «a partir de ahora» era lo que realmente me encogía el alma. ¿Cómo iba a ser mi vida a partir de ahora?

Los días en el hospital transcurrieron plácidamente hasta que el viernes me dieron el alta. Antes de abandonarlo, el neurocirujano me advirtió:

—Puede que dentro de algunos meses empieces a notarte triste. Es normal después de haberte enfrentado a una situación así.

—Vale, vale.

No le hice mucho caso. Solo quería llegar a mi casa, ver a mis perros, recuperar mi rutina lo antes posible. Me emocionó muchísimo que mi madre y mis hermanas me aplaudieran al llegar. Volvía victorioso después de haberle ganado una batalla a la muerte. Y casi lloré cuando la empleada de servicio me contó que Lima, mi perra favorita, estuvo muy inquieta durante todo el lunes que estaban haciéndome las pruebas. Y que, a partir de la última hora de la tarde, justo cuando estaba prevista mi operación, se tumbó en la puerta de mi habitación y de ahí no se movió hasta que se acabó todo. El martes, según me cuentan, volvió a ser la de siempre. Y si antes era ya mi favorita, después de esta historia lo sería para siempre jamás.

Tras pasar el fin de semana todos juntos, mis hermanas volvieron a Badalona y mi madre decidió quedarse unos días más. Como P. En mi casa solo hay dos habitaciones. Mi madre se instaló en la de invitados y P. en la mía. Volvía a mi cama un año y medio después y yo no sabía cómo comportarme. ¿Teníamos que follar? ¿De manera *normal,* como me había advertido mi neurocirujano? ¿Podía hacerle la cucharita un rato, como solía suceder cuando estábamos juntos? ¿Éramos de nuevo pareja?

La primera noche lo abracé como si no hubiera pasado nada y él se dejó. No hubo una segunda, porque prefirió irse a su casa a dormir y volver a primera hora de la mañana para desayunar con nosotros. Y en uno de esos días vino a decirme que eso de dormir juntos y abrazados le sonaba muy raro porque estábamos separados. Le di la razón, claro. Y me aferré a la idea de la separación, porque no debía volver con él. Durante los diez años que duró la relación habíamos roto y vuelto muchas veces. Demasiadas. Pero en esta ocasión quedaba claro que podíamos ser de todo menos pareja. ¿Para qué seguir empeñándonos en algo que, por mucho que nos quisiéramos, no funcionaba?

Los días que estuve de baja mi ánimo navegaba entre el miedo y la incertidumbre. Tenía pendiente la revisión tras la operación y a veces me ponía en lo peor. Si me obligaban a bajar el ritmo, no podría hacer frente a los gastos con los que abría cada mes —préstamos para pagar a Hacienda incluidos— sin echar mano de los ahorros. Y si los ahorros empezaban a menguar, el esfuerzo habría sido en balde, porque mi única obsesión había sido trabajar muchísimo por si el día de mañana se hartaban de mí y me enviaban a casa. Para mí era muy importante tener dinero suficiente para, si llegaba el momento, no tener que volver a trabajar en la vida.

Ahora esta vida me situaba ante una tesitura que jamás había contemplado. Durante el mes que estuve en casa recuperándome, anduve con el ánimo un poco tocado. Por la noche no cerraba la puerta de mi habitación con pestillo por si acaso me moría. Llegado el momento, quería facilitar la entrada y que no la tuvieran que echar abajo, porque menudo estropicio.

Por la noche no cerraba la puerta de mi habitación con pestillo por si acaso me moría. Llegado el momento, quería facilitar la entrada y que no la tuvieran que echar abajo, porque menudo estropicio.

Cogí aire cuando me comunicaron que podía volver a trabajar: eso sí, intentando llevarme pocos sofocones. Lo cual, trabajando de lo que trabajo, era un consejo que resultaba difícil de llevar a cabo. Y más teniendo en cuenta que soy de carácter pacífico, como todo el mundo sabe.

¿Me preocupaba solo el dinero? No. Me inquietaba saber cómo sería mi vida a partir de entonces. Como recordaría posteriormente en *Desmontando a Séneca,* «yo tenía una tía cuyo marido murió a los cuarenta y pocos, hace la tira de años. La única imagen que tengo de él es la de un hombre joven siempre sentado en un sofá con una manta encima de las rodillas. Un hombre siempre volviendo a empezar, cuidándose constantemente e intentando no cansarse para poder sobrevivir. ¿Era ese mi destino?». Me daba miedo llegar a convertirme en ese tío que murió tan joven. Había trabajado muchísimo para llegar a donde estaba y me quedaba disfrutar de todo ese esfuerzo. Yo no quería sofá con manta. Yo quería vivir, joder, no creo que resulte muy difícil entenderlo.

Me gustó volver al trabajo y reencontrarme con mis compañeros, aunque tampoco tenía muchas ganas de darles cancha a los que me recordaban que podría haber muerto. Ya lo sabía, no sé por qué hay gente que se empeña en recordarte esas cosas tan agradables continuamente. Me notaba, eso sí, un poco bajo de ánimo. Desmotivado. Sin estímulos. Pero llamé al neurocirujano y me tranquilizó: «Es normal», me dijo, «después de haber vivido una situación traumática».

Durante aquel verano pasé unos días con P. en Cerdeña, inaugurando así nuestro nuevo modelo de relación: compañeros de vida. Dormíamos en camas separadas y nunca se nos presentó la más mínima posibilidad de tener sexo. Luego incluso lo engatusé para que me acompañara al SHA, uno de los mejores centros de salud del mundo, que se encuentra entre Benidorm y Altea. Bajo su techo se han alojado desde Barbra Streisand hasta Julio Iglesias, pasando por Cristiano Ronaldo y toda aquella estrella internacional y nacional que te pueda venir a la mente.

El SHA se convirtió en mi retiro soñado. A tan solo cuatro horas en coche de Madrid, había dado con un lugar en el que me refugiaba para descansar, cuidarme, parar mentalmente y pensar. Iba tantas veces que me encontraba como en casa. Un oasis en el que me sentía muy bien atendido por todo el personal. Mis amigos no entendían que disfrutara tanto en un lugar en el que no se podía beber y en la dieta jamás aparecían alimentos como la carne o el huevo o ingredientes tan adictivos como el azúcar. Tanto es así que Belén Rodríguez se refería al SHA como «el convento».

Durante una de mis estancias me enteré de casualidad de que Jon Kortajarena estaba a punto de llegar. No lo conocía personalmente, pero nos habíamos intercambiado varios mensajes a través de Instagram. Le escribí y se alegró de que estuviera allí. Él estaba en Alicante, a punto de coger el coche que lo traería al SHA.

—¿Quieres que pille una botella de tequila? —me preguntó.

—Jon, por favor. Estoy aquí sin tomar una gota de alcohol. No me jodas el invento. Si quieres, esta noche salimos a cenar por Altea y así me da un poco el aire, que llevo dos semanas encerrado.

—Vale, vale, lo que tú digas.

Llegó, se acomodó y quedamos en la recepción. Al vernos, fue como si nos conociéramos desde hacía tiempo. Empezamos a hablar como dos colegas y a contarnos cosas de nuestras vidas con naturalidad, sin imposturas. Dimos una vuelta por Altea y nos metimos a cenar en un restaurante al borde de la playa.

Yo, estaba dispuesto a saltarme la dieta del SHA, así que me armé de valor y pedí una caña. Jon, sin embargo, comenzó más fuerte:

—Yo, un vodka con... —Vete a saber con qué. No me acuerdo.

La cuestión es que yo soy una persona muy moldeable. Si yo pido una caña y el otro un vodka..., pues ya me entra la duda. La duda sobre con qué acompañar el vodka, quiero decir. El camarero lo advirtió y nos ofreció una solución intermedia:

—Tenemos un coctelero que hace unos margaritas muy buenos.

La cuestión es que yo soy una persona muy moldeable. Si yo pido una caña y el otro un vodka..., pues ya me entra la duda. La duda sobre con qué acompañar el vodka, quiero decir.

Aceptamos los margaritas, claro. Cómo no íbamos a hacerlo. Pedimos algo de comer y nos bebimos el primero con rapidez. Tomamos un segundo y, antes de ordenar el tercero, el señor coctelero nos ofreció la posibilidad de que el cóctel tuviera alguna variación. Aceptamos también. Y comimos algo más. En este punto del relato no puedo evitar recordar la mítica frase de Dorothy Parker: «Me gusta tomarme un martini. Dos, como mucho. Con tres estoy debajo de la mesa. Con cuatro, debajo del anfitrión».

A la altura del cuarto margarita, a Jon se le ocurrió la gran idea de acompañar cada copa con un chupito de tequila. Y a mí no me pareció mal. Es más, consideré que era lo suyo. Creo que al final dimos cuenta de siete margaritas y, mínimo, cuatro chupitos. Acabamos un poco contentos, por así decirlo.

Yo vestía un polo blanco de Zara con cremallera y, en una de esas, Jon me agarró del polo y lo partió en dos. Ya sabes, de esas cosas divertidas que pasan cuando se han mojado demasiado los labios. Al intentar evitar el desaguisado, me enganché un dedo con la cremallera y hasta me hice sangre, pero eso fue lo de menos: desde ahí, tuve que hacer el recorrido hasta encontrar un taxi tapándome las tetas como si fuera una actriz de Hollywood de los cincuenta levantándose por la mañana de la cama. Te haces una idea, ¿verdad? Jon no paraba de reírse, y yo con él, claro.

Llegamos al SHA ligeramente achispados. Guardo el polo destrozado y ensangrentado como una reliquia. Quiero enmarcarlo y lucirlo para envidia de amigos y conocidos con una placa pequeña de plata que rece: «Este polo lo rompió con sus propias manitas uno de los hombres más bellos del mundo».

Durante la cena, un colega me había pasado el enlace de una noticia en la que se me veía fotografiado en el SHA almorzando en albornoz en el restaurante mientras miraba mi portátil. En otra instantánea, estaba esperando mi turno en la sala médica y, en otra, en la zona donde se servían las meriendas. Me pareció tremendo que estas cosas sucedieran en un lugar que precisamente vendía máxima privacidad a sus huéspedes.

Al día siguiente comprobé que el artículo y las fotografías seguían colgadas. Llevaba dos semanas en el SHA y me quedaban otras dos, pero no podía permanecer en un lugar en el que ya no me sentía seguro. Bajé a recepción y se mostraron muy consternados por lo que había sucedido. Esa consternación no me servía de nada. La noticia y las fotografías —las había hecho de manera ilegal un huésped— llevaban colgadas doce horas. No entendía cómo un lugar por el que desfilaban tantas estrellas no tenía un servicio de abogados que se encargara de solucionar cagadas así al instante.

Prometían privacidad y quedaba claro que, en mi caso, no se había cumplido. Intentaron disculparse, pero yo ya no estaba en esa historia. Tenía pensado quedarme un mes y dejarme un dineral considerable. En un alarde de generosidad, solo me cobraron las dos semanas que llevaba en el establecimiento. Teniendo en cuenta lo que había sucedido, me pareció muy cutre que lo hicieran. Antes de marcharme, juré no volver a poner los pies en el SHA y, muy a mi pesar, porque lo echo de menos, he cumplido mi juramento.

Creo que les he hecho un favor. Acogen a estrellas muy reconocidas, y mi perfil —un rojo y maricón polémico— no les debe encajar mucho, aunque reciben con los brazos abiertos a rusos maleducados y dicen que hasta al mismísimo Putin. Con Jon, al menos, sí que sigo hablando y riéndome. Pero ¿sabes que desde entonces no nos hemos vuelto a ver en persona? Él me propone cenas o copas y yo siempre estoy liado. Jon Kortajarena me dice que soy el hombre que más calabazas le ha dado nunca en su vida. Y yo me hincho como un pavo, claro. Jon es encantador, simpático y divertido, pero sobre todo es de verdad. De la buena, además.

Por cierto, demandé al portal que publicó las fotos dentro de las instalaciones del SHA y gané. La sentencia era demoledora e incontestable: aunque presente los programas que presento, tengo derecho a mi intimidad como cualquier ser humano. Gané también dos sentencias a dos medios que publicaron un vídeo dentro de una discoteca en el que, según ellos, aparecía con síntomas de embriaguez. No demandé por intromisión al honor, sino a la intimidad. Como he dicho, las gané. Pero es muy curioso que demandara a otros dos medios —uno conservador y, el otro, una cloaca de ultraderecha— por el mismo vídeo y la misma razón y que el juez echara la demanda para atrás porque consideraba que no se atentaba contra mi honor. Es decir, que emitió un dictamen sobre algo que yo no había demandado. Vamos, que ni se leyó mi demanda. Demandé por intromisión a mi intimidad, no al honor. Y, además, su sentencia venía a decir que un ser como yo, dedicándome a lo que me dedicaba, ya podía dar gracias por seguir perteneciendo a esta sociedad. ¿Creéis que le caería mal al juez? ¿Cómo es posible que tenga dos sentencias ganadas por el mismo caso y se me tumbe la que incumbe a medios ultraconservadores? Hemos recurrido, claro. Al Supremo y hasta el mismísimo san Pedro si hace falta.

Por cierto —y por mucho que le escueza al juez que dicta sentencias sin leer demandas—, mi profesión me tira y no puedo evitar contar este chisme. Penélope Cruz y Javier Bardem también van al SHA. No reviento ninguna exclusiva, se ha publicado en diversos medios. Sin embargo, lo que no se sabe es que se registran como Modesta García y Ángel Encinas, y así tienen que dirigirse a ellos todos los trabajadores del establecimiento.

Pero volvamos al momento en que engatusé a P. para que me acompañara al SHA, aunque eso significara no beber cerveza. Fueron unos días muy tranquilos en los que la tristeza era un elemento cada vez más importante en mi estado de ánimo. Me recuerdo paseando juntos por la playa de L'Albir confesándole una ausencia de motivación y de ilusión que empezaba a hacerme daño. Habían pasado cerca de cuatro meses desde el ictus y vivir se estaba convirtiendo en dejar que los días pasaran sin esperar ninguna alegría o contar con esperanza alguna. Vivir por vivir.

Habían pasado cerca de cuatro meses desde el ictus y vivir se estaba convirtiendo en dejar que los días pasaran sin esperar ninguna alegría o contar con esperanza alguna. Vivir por vivir.

Para qué empezar una nueva relación con lo mayor que era. Para qué intentar conocer a alguien, si tarde o temprano romperíamos. Para qué hacer nada, si nuestro destino final ya estaba escrito. Me costaba tanto encontrar una salida que llamé a mi gestora para preguntarle si ya podía dejar de trabajar el resto de mi vida. Me contestó que sí, pero ni siquiera eso me supuso un alivio, porque no tenía muy claro a qué podría dedicar mi tiempo libre. De lo que no tenía ninguna duda era de que no podía seguir así porque cada vez encontraba menos argumentos para levantarme de la cama por la mañana.

Viendo que el inicio de la temporada televisiva iba acercándose y que no sentía ninguna emoción por que eso se produjera, organicé una visita con el psiquiatra del SHA. No necesitó indagar mucho para emitir su diagnóstico: depresión. Dentro de la depresión había grados, y la mía no era severa. Casi supliqué por que me diera la baja laboral, pero se negó: el trabajo me ayudaría a recuperar la estabilidad. El trabajo y la medicación: Prozac, el antidepresivo que había triunfado en los noventa.

—Empieza a surtir efecto a los quince días —me explicó—, y debes tomarlo, como mínimo, un año y medio.

Me hizo hasta ilusión que me recetara antidepresivos. Como me gusta probar de todo, tenía mucha curiosidad por saber cómo se siente uno con la pastillita.

Llegó septiembre y la vuelta al cole. Tomaba religiosamente el Prozac que me habían recetado a finales de agosto, pero no notaba mejoras. Mi psicóloga de entonces, Alicia, me advertía de que si esperaba ver unicornios estaba muy equivocado. Hasta que a las tres semanas me presenté en su consulta muy decepcionado. Sin embargo, ella me empezó a preguntar por cuestiones que en otro momento me habían llegado a provocar auténticos quebraderos de cabeza, y al final de la sesión, solo pude rendirme a la evidencia:

—Alicia, creo que ya me está haciendo efecto. Porque lo que antes veía como problema insalvable ahora no me produce ninguna inquietud.

Empezó así una época en mi vida que me atrevería a calificar de prodigiosa. ¿Cómo repercutía el Prozac en mí? De una manera muy sutil pero muy agradable. No era el subidón de una droga, tampoco nos llamemos a engaño. Pero te dejaba en un plácido estado en el que lo que antes se te hacía cuesta arriba ahora era un agradable paseíto en góndola. No había problema que me sepultara el ánimo. Tenía capacidad para verlo con distancia y que no me produjera dolor. Me sentía con fuerzas y vivir me merecía la pena. Si el Prozac fuera un cuadro, sería la *Mona Lisa* con la sonrisa un puntito más agudizada todavía. Eso es: la sonrisa sin llegar a la carcajada. Lo tenía claro: no me iba a quitar el Prozac el resto de mi vida ni aunque me lo recomendasen.

Si el Prozac fuera un cuadro, sería la *Mona Lisa* con la sonrisa un puntito más agudizada todavía. Eso es: la sonrisa sin llegar a la carcajada.

Por aquel entonces me sentía tontuelo, como un adolescente en flor. Tenía cuarenta y nueve años y el pavo en todo lo alto: cualquier cosa me ilusionaba. Tanto que me metí de lleno en una historia que, cuando pasado el tiempo se la conté en una cena a Mila y a Kiko Hernández, no dieron crédito. Mila se escandalizaba y Kiko no podía dejar de reír a carcajadas.

Sucedió mientras yo estaba presentando un *Gran Hermano VIP*. Uno de los concursantes era italiano, y a defenderle venía al plató su hermano. El hermano me pidió una fotografía para colgarla en sus redes y a los pocos días me escribió por Instagram un muchacho que la había visto. El muchacho era tan impresionante que le pregunté a César Brizuela, mi *community manager,* si la cuenta era falsa. No. No lo era. Dios. ¿De verdad ese moreno con ese torso me había escrito y había empezado a tontear conmigo? Sí. De verdad. Así era.

Con el Prozac en pleno funcionamiento, el trabajo con buenos índices de audiencia y mi cuerpo de jota, la mezcla no podía ser más explosiva. Nos dimos los teléfonos. De los teléfonos pasamos a las videollamadas, y ahí fue cuando comprobé definitivamente que el chico era de verdad. Siempre había creído ser heterosexual, pero había descubierto su homosexualidad hacía un par de años, justo los que llevaba con su novio. A mí no me importó que tuviera novio, creo que no llevo muy mal lo de ser «la otra, la otra, que a nada tiene derecho». Al menos al principio. Bueno, es que no he tenido ninguna oportunidad de luchar por dejar de ser la otra. Nunca me ha interesado lo suficiente ningún hombre para pedirle que dejara a su novio. Es más, le he empujado a que siguiera con él. Soy así de generoso.

Nunca me ha interesado lo suficiente ningún hombre para pedirle que dejara a su novio. Es más, le he empujado a que siguiera con él. Soy así de generoso.

Llamaremos Adriano al chico, que, siendo italiano, le viene que ni pintado. Adriano y yo hablábamos todas las noches y nos decíamos que nos queríamos. Solo nos decíamos eso porque era bastante complicado entenderse. Durante el día nos enviábamos mensajes y más mensajes. Tal era el nivel de intimidad que llegamos a alcanzar que fijamos una cita. No podíamos demorarnos más. Y qué mejor que en Bolonia, ciudad romántica donde las haya.

Reservé dos habitaciones en el mejor hotel de la ciudad. La edad me ha hecho ser cauto: en el caso de que no me gustara, no tendría que soportarlo en mi cama. Llegué un par de horas antes que él y me lancé a las calles dispuesto a disfrutar del animado sábado que me ofrecía la ciudad.

Qué de gente por las calles. Qué bonitos los monumentos. ¡Qué frío, coño! Tanto que me metí en un bar a tomarme un tinto a ver si entraba en calor. Llevaba un par de meses sin beber, porque con los antidepresivos no está aconsejado. Pero tampoco me iba a hacer nada una copa de vino, pensé yo. Salí del local y caminé un poquito más. Qué frío, joder. Entré en otro bar y me tomé otra copa. Vaya, no me estaba sentando mal del todo. Y eso que el vino era peleoncillo. Adriano estaba a punto de llegar a Bolonia y pensé: «¿Quién dijo miedo?». Me tomé una tercera y entonces sí, fui a la puerta del hotel donde había quedado con él. Y allí estaba. Con un pie apoyado en la pared. Un poco más bajito de lo que imaginaba.

Muy guapo. Pero muy cauto al saludarme, nadie debía creer que éramos novios, rollos o algo parecido. Los italianos son muy rarunos con el tema de la homosexualidad. La sombra del Vaticano, supongo, que sigue siendo muy alargada. Seré más claro: echarte un novio italiano es abonarte a un viacrucis semanal. No lo olvides nunca. Como no olvides jamás la memorable frase de Miguel Frigenti: «Aunque pases una mala racha, no te folles a un facha».

Nos metimos en un restaurante con la idea de cenar, pero ya era tarde y solo pudieron ofrecernos una botella de vino con algo para picar. Es decir, que a las tres copas que llevaba yo encima tuve que sumarles otras tantas y un poco de queso. Poco, porque engorda. Ni siquiera recuerdo de qué hablamos. De lo que no cabía la menor duda es de que íbamos a acabar en mi cama, pero antes de que llegara tal deseado momento, decidimos tomar algo en el bar del hotel. Algo sólido, quiero decir. Sí, también con vino.

Trajeron una especie de canapés con salmón que engullimos tan rápido como nos empujamos otra botella de vino. Yo estaba feliz, como para no estarlo. Y él, juguetón e intentando parecer lo más hetero posible. Para qué esperar más: dirigimos nuestros pasos a la habitación. En el ascensor nos besamos. Poco, porque él tenía miedo de que se abriera la puerta y nos pillaran con las lenguas en la masa. Llegamos a mi habitación, introduje la llave en la ranura y poco más puedo contar. Lo que sucedió después ha quedado registrado en mi cabeza como una amalgama de muy pocos recuerdos sin orden ni concierto: besos, creo que pasión, miradas ligeramente atemorizadas por parte de él y, al poco rato, su huida de la habitación. Yo lo achaco a que le entró el mal rollo por tener novio y estar con otro. Dormí a pierna suelta.

A la mañana siguiente apareció en mi habitación con el rostro demudado. Silencioso. Bajamos a desayunar y él era incapaz de mediar palabra. Cogió un pastelito de chocolate mientras yo daba cuenta de varios sándwiches, piña, algunos dulces y un termo entero de café. Él me miraba incrédulo, como si estuviera desayunando con su peor enemigo.

Subimos a mi habitación y yo traté de meterle mano para ver si nos animábamos un poco y rematábamos la fiesta que habíamos dejado muy a medias la noche anterior.

—Me voy —me dijo.

—¿Cómo?

—Sí, que me voy.

—Pues vete —le reté yo con chulería.

Y se fue. Y me dejó solo en una Bolonia lluviosa un domingo. Me aburrí como solo puedes aburrirte en una Bolonia lluviosa un domingo y, para acabar de castigarme, acabé cenando solo en un McDonald's que había cerca del hotel.

El lunes, ya en el aeropuerto, recibí un mensaje suyo. Que cómo estaba, me preguntaba.

Pues imagínate cómo voy a estar. Vengo a verte y me dejaste plantado porque te comía la culpa.

¡No! ¡No! ¡No fue por eso! En cuanto entramos en la habitación, te volviste loco. Me tirabas del pelo, me mordías el cuello, saltabas encima de la cama, no había manera de controlarte.

Comencé a ponerme rojo. El alcohol. El Prozac. La mezcla, más bien. En realidad, no recordaba nada de aquella noche, y eso que Adriano era uno de los hombres más guapos con los que me había acostado en toda mi puñetera vida. Guapo y romántico. Pobre. Él, que iba dispuesto a entregarse por segunda vez a un hombre, se encontró con una fiera corrupia.

Cuando llegué a mi habitación cerré la puerta y pensé: «OK. ¡Estoy vivo!». Estuve a punto de esconderme debajo de la cama por si volvías.

Y entonces me envió un meme de Hannibal Lecter y no pudimos parar de reír vía wasap. De todas maneras, tan mal no se lo pasaría, porque de vez en cuando me sigue escribiendo para ver si quedamos y hacemos la guerra, que es como definió él aquella inolvidable noche. Y yo le digo que sí, que a ver si quedamos, pero Adriano es muy poco lanzado. La mayoría de los italianos que he conocido son así: hablan mucho, pero luego actúan poco. Son como el Festival de San Remo: mucha fanfarria, pero poca enjundia.

Los meses iban pasando y yo seguía muy a gustito con el Prozac. Tanto que decidí que era el momento de empezar a prescindir de él, porque me notaba un poco seco en cuanto a emociones. Las vivía con demasiada distancia, sin implicarme demasiado. Pasar de puntillas emocionalmente no era mi idea de la existencia. Seguí las pautas que me recomendó el psiquiatra y paulatinamente todo volvió a su ser.

Los meses iban pasando y yo seguía muy a gustito con el Prozac. Tanto que decidí que era el momento de empezar a prescindir de él, porque me notaba un poco seco en cuanto a emociones.

Acepté regresar al teatro protagonizando el monólogo *Desmontando a Séneca,* así que no podía decir que la vida no estuviera siendo generosa conmigo. Y eso que en septiembre tuve que volver a pasar por quirófano porque uno de los dos *stents* que llevaba se había estrechado un poquito, pero, después del desencanto inicial, acepté la historia con resignación. Por cierto: me pusieron otros dos, así que mi cabeza por dentro debe ser algo así como una Pandora de *stents*. Pero a lo que iba: que el futuro se presentaba entretenido. Aunque por un lado está lo que uno imagina y, por otro, lo que realmente sucede. A la vuelta de la esquina nos esperaba una pandemia y una marcha. Tu marcha, Mila.

Hola, Mila

En dos días hará un año que te fuiste. Qué perdido he estado. El fin de semana hablé con Alba, tu hija, y la noté mejor. Ya te contará ella, que yo sé que habláis. Le he dicho que, cuando llegue el día, le enviaré un mensaje, pero no de duelo, sino de alegría..., o de algo que se le parezca. Alegría por haberte conocido, digo. Aunque ella está hecha polvo, no te lo voy a negar. Y me preocupa, porque advierto que no avanza.

En el peor de los momentos siempre ayuda intentar encontrar un motivo de celebración. En mi caso, por haberte conocido. En el suyo, por haberte tenido como madre.

Me ha preguntado Silvia si hablo con Dios.

—No.

—¿Y con Mila?

—Tampoco.

—Pues habla con ella.

Todo esto viene a que le he confesado que últimamente me aterra la muerte. No el morir en sí, sino el vacío de después. La nada. También la incertidumbre por el premio y el castigo. El temor a vivir el resto de la eternidad cocinándome a fuego lento. Reminiscencias de mi paso por un colegio del Opus Dei, supongo. Ese complejo de culpa del que no he conseguido liberarme pese a que cada vez, y de manera muy consciente, utilizo menos esa palabra. Lo que no se pronuncia no existe. He sustituido la palabra *culpa* por *responsabilidad.*

Cuando Silvia me habla de espiritualidad, a mí se me quedan los ojos casi en blanco.

—Tienes que conectar contigo, pero no te lo permites. No paras. Siempre que se vislumbra un poco de estabilidad en tu vida, te enganchas a un nuevo proyecto para que no decaiga la adrenalina. ¿Sabes que esa es una de las principales características de los adictos? Para. Escúchate. No sabes lo que quieres. Habla con Mila.

Me he dejado el día libre para escribir después de que Silvia me recomendara hablar contigo. Son casi las once de la mañana. Estoy en la cama, perdiendo el tiempo con el ordenador antes de darle a la tecla. Y al buscar tu nombre en Google me sale una noticia de Merche, la cantante, a la que le preguntan por su canción *Si te marchas.* Y contesta Merche: «Esa canción ya no es mía, es de Mila Ximénez». Me parece muy generoso por su parte. Y muy elegante también. Busco en YouTube el videoclip que grabaste con el tema y sonrío, porque en él estás más Mila que nunca. De ahí paso a un vídeo sobre el tanatorio y veo a Terelu romperse diciendo que no te recuerda porque nunca te olvida. Y entonces empiezo a llorar un poco.

No está mal, porque llevo mucho tiempo sin llorar. Sé que durante este capítulo lloraré más, porque tengo los ojos con ese dolor que presagia lluvia. Un dolor, en este caso, placentero. Reparador. Espero que sanador.

¡Ay, Mila! Te he escrito varias veces a través de mi blog, siempre estando tú viva. Y ahora que, al momento de escribir estas líneas, pronto se cumplirá un año de tu partida —el 23 de junio—, siento la necesidad de desahogarme contigo. De explicarte cómo me está yendo sin ti. De contarle a todo el mundo cómo eres de única. Le he pedido permiso a tu hija Alba y me lo ha dado.

—Me encantará que mis hijos lean lo que escribes para que sepan cómo era su abuela.

Para empezar, voy a decirles que su abuela fue, es y será una de las personas más fascinantes que he conocido en mi vida.

Acabo de trasladarme de la cama al porche. Ahora entiendo por qué. Mila, tú sabes que estás aquí, junto a mí. Siempre presente. Pero la gente no. He guardado el secreto por pudor, aunque me apetecía chillarlo a los cuatro vientos para presumir de nuestra relación. También para contar lo que voy a escribir ahora le he pedido permiso a Alba.

Fue ella la que me lo propuso:

—Jorge, ¿te gustaría tener una parte de las cenizas de mamá? Sé que ella fue muy feliz en tu porche, y seguro que le encantará estar ahí.

Pues ya está, ya estoy llorando otra vez.

Te fuiste un miércoles, Mila, justo el único día de la historia de *Sálvame* que no se iba a emitir el programa porque jugaba la selección española de fútbol. Pero la cadena decidió emitir un especial antes del partido. No cabía otra opción. Con tu marcha desaparecía uno de los referentes más importantes de la televisión de entretenimiento de nuestro país. ¡Te cargaste el fútbol, Mila! Para quien tenga la menor duda de que has hecho historia.

El sábado se presentó Alba en casa con una bolsa con parte de tus cenizas y las esparcimos en el magnolio que tengo justo enfrente. No lloramos. Creo que todavía no éramos conscientes de lo que acababa de suceder. Así que, desde que te fuiste, te tengo en mi casa.

Pero hay más. Sí. Hay algo más que quiero contar, aun a riesgo de que me tomen por zumbado.

En febrero, la pareja que trabaja en casa se marchó un mes de vacaciones a sus respectivos países. P. se vino aquí conmigo, a casa, la misma que fue nuestro «hogar conyugal» durante varios años —menuda cursilada de expresión— para que no se me cayera la mansión encima. Se lo agradecí de corazón: hoy en día, y para la eternidad, somos mucho más que familia. «Somos mucho más que dos», como canta Nacha Guevara por Benedetti. Para que nos entendamos: tenemos de todo menos sexo.

El caso es que P. estaba en casa. Y a mí una noche me dio por salir y volví al mediodía del día siguiente. P. se cabreó y me echó en cara que fuera tan egoísta, cosa que no entendí, porque, si no somos pareja, ¿qué más le daba a él que me largara o no? Pero sí, se cabreó. Y yo le prometí que, mientras él estuviera en casa, no volvería a desaparecer nunca más.

Hasta que llegó el fin de semana siguiente y lo volví a hacer. Y ya no se enfadó, porque me tiene mucha paciencia.

Creo que sucedió algo más doloroso: que entendió, por fin, mi incapacidad para comprender el dolor ajeno. Si yo sabía que mis huidas le provocaban angustia, ¿por qué continuaba llevándolas a cabo? La verdad es que no lo sé, Mila. No acabo de encontrarle explicación.

Quizá lo que pasa es que estoy tan acostumbrado a protegerme que soy incapaz de pensar que alguien pueda llegar a sufrir por mí. Porque yo a veces creo, y es algo que me aterra, que no sufro por nadie.

Esto último se lo he contado a mi psicóloga y no me cree. Pero así es, y debo profundizar sobre ello, porque es algo que me provoca mucha inquietud.

En medio de este desbarajuste emocional que provocaban mis salidas tanto en él como en mí, aproveché para quitarme de encima un lastre que me atormentaba. Sucedió mientras estábamos paseando a los perros. Le expliqué el porqué de mis ausencias. Me preguntó si tenían que ver con las que se habían producido durante nuestra relación, de manera más continuada mientras se acercaba a su fin.

—Sí.

—Me lo imaginaba.

Qué mal me sentí.

Y qué bien también.

Me sentí liberado.

Hablamos ya, sin tapujos, de todo aquello que debimos hablar tras nuestra ruptura. Sin reproches, sin culpas, sin malos modos, únicamente intercambiando informaciones. Sensaciones. Tardamos cuatro años en hablar del porqué de las cosas. Sí. Es tiempo, no nos engañemos. Pero ¿quién habló de tiempo habiendo sensaciones de por medio? Las heridas emocionales cicatrizan cuando toca, no cuando lo dictan los libros de autoayuda. Yo creo que lo nuestro no ha cicatrizado del todo y me parece bien. Está muy sobrevalorado vivir sin romperte ni mancharte. Yo prefiero sentirme como canta —otra vez— Nacha Guevara por Benedetti: «Rotos pero enteros».

Las heridas emocionales cicatrizan cuando toca, no cuando lo dictan los libros de autoayuda.

—Mila estaba muy preocupada por ti. Intentaba alertarme: «P., mira que Jorge…». Pero no profundizaba. Por pudor, quizás. ¿Estaba al tanto de todo?

—De todo no. Y sí, sufría mucho por mí, lo sé.

Cuatro años tuvieron que pasar para poder pedirle perdón a P. Nunca pensé que fuera capaz de hacerlo, aunque lo deseara. Sé que le hice sufrir. Que se lo hice pasar mal. Por eso necesitaba que él supiera que no me sentía orgulloso de haberme comportado como lo hice. No hace falta entrar en detalles. No se los merece.

Tras mi confesión, ya sospechada por él, nos sentimos todavía más unidos.

Al día siguiente recibí un wasap de Gloria, una amiga con la que estudié Filología Hispánica en Barcelona que también vive en Madrid y a la que veo una vez cada diez años. Está de alquiler en uno de mis pisos y está trabajando en la oficina de mi representante. Se la recomendé y ahora él ya no puede vivir sin ella. Como digo, en ese momento haría casi diez años que no hablábamos, pero recientemente había vuelto a aparecer en mi vida porque la invité a que viera en Madrid mi última obra de teatro.

El mensaje que me envió aquel día, lunes, decía:

> Hoy he soñado con Mila. Con tu Mila. Ya te contaré con todo detalle, porque ha sido muy flipante, pero en el sueño me rogaba/obligaba/amenazaba con que te diera un mensaje de su parte: «GRACIAS». (Me decía que tú ya sabrías por qué.) También tengo indicaciones para decirte cómo hablar con ella cada vez que lo necesites.
> Madre mía. Parezco una puta loca.

El día que me despedí de ti, y en presencia de tu hija Alba, te dije que cuando llegaras nos enviaras una señal desde donde estuvieras. Tú, sonriendo, me dijiste: «Si me dejan...».

Pues te han dejado. Ya recibí la señal que tanto ansiaba, Mila. Gracias. Gracias siempre. Sabía que para ti era muy importante que cerrara ese capítulo con tu P. Parece de flipados, pero todo sucedió tal y como lo he contado. He tardado más de cuatro años y tú ya no estás entre nosotros. Pero sé que hoy, allá donde estés, estarás un poco más contenta. Y que te sentirás muy orgullosa de «tu chico», que soy yo, por haber sido capaz de reunir fuerzas y pedirle perdón a P. Cuánto te echo de menos.

No todo el mundo sabe que, antes de marcharte, pediste despedirte solo de cuatro personas. Aparte de tus familiares, claro. Dos de ellas fuimos P. y yo.

El 13 de junio, domingo, a las doce y treinta y cuatro del mediodía, me escribiste:

—Parece que esto se acaba.

—¿Puedes hablar? —te respondí inmediatamente.

Me llamaste. Te encontré débil, pero aferrándote, aunque fuera un poquito, a la esperanza. El cáncer estaba invadiendo tu cerebro, pero la oncóloga te había aconsejado que el lunes te sometieras a un tratamiento para intentar neutralizarlo. Yo te animé, porque ante la muerte hay que intentarlo todo, y porque no quería creer que el final se acercaba. Pero te morías.

«Ya no puedo seguir engañándome más. Mila se está muriendo», empecé a decirme. «Alberto Díaz lleva tiempo diciéndome que no llega al verano y yo no quiero escucharlo. De hecho, no he querido ser consciente jamás de la magnitud de la tragedia que se nos venía encima. Alberto está loco. ¿Cómo se va a morir Mila? Mila no se puede morir. Mila no se va a morir. Seguirá viviendo con el cáncer y se lo tendrán controlado, como a tantas otras.»

Cuando yo decía esas cosas, Alberto me miraba con pena y meneaba la cabeza de un lado para otro. «Que no, Jorge, que no te engañes, que no te sigas engañando.» No pronunciaba las palabras, pero sé que le habría gustado poder decírmelas. Yo, en respuesta, cada vez que lo veía mirarme serio en plató, huía de él.

Muy maduro mi comportamiento. Muy valiente, sí.

Con quien sí hablé fue con mi médico de confianza. Le conté que andaba un poco inquieto emocionalmente porque una amiga mía se estaba muriendo y no sabía si iba a poder decirle adiós.

—Es Mila, ¿verdad? —me preguntó.

—Sí.

—Pues despídete de ella —me aconsejó—. Es importante que lo hagas para luego poder cerrar tu duelo.

—Pero es que no sé si ella quiere verme —traté de excusarme yo—, y tampoco me voy a presentar en su casa sin que ella me llame.

—Haz todo lo posible por decirle adiós.

Menudo marrón. ¿Qué debía hacer?

Dio igual. No tuve que hacer nada. Alguien decidió por mí. No había pasado ni media hora cuando me sonó el móvil. Era Alba.

—Jorge, mamá quiere despedirse de ti.

—Voy corriendo.

No daba crédito. O sí, qué coño.

Nuestra relación siempre tuvo algo de mágico. Tú sabías que ese encuentro sería vital para que hallase paz y no me volviera loco. Fue otro de los grandes favores —hubo muchísimos— que me hiciste en vida.

No recuerdo quién me abrió al llegar a tu casa. ¿Tu hermano Manolo? ¿Alba? Lo que sí recuerdo es que tuve que esperar un rato en el salón antes de entrar en la habitación porque estaba atendiéndote una enfermera. Aproveché para avisar a todos los demás de que, cuando pasara lo que tenía que pasar, no iba a ir.

—No te preocupes, Jorge —me tranquilizó Manolo—. Como decía mi madre, las cosas, mejor en vida.

Entramos Alba y yo a la habitación. Ella se sentó en la cama y yo me arrodillé para tenerte bien cerquita. Cómo es la memoria: no recuerdo qué cara tenías en ese momento. Cada vez que pienso en ti te imagino sonriendo, pero jamás descansando en la cama antes de partir, despidiéndote. Reconozco que tus primeras palabras me tranquilizaron:

—¡La de aventuras que hemos vivido juntos!, ¿eh?

Intentabas mantenerte despierta, pero de vez en cuando se te cerraban los ojos por el cansancio. Lo que tengo muy claro es que sonreías. Y que me produjo mucho sosiego verte en paz, sin miedos. Muy serena. Luchando contra el sueño para que nos pudiéramos despedir.

—Mila, atiéndeme, que quiero decirte cosas bonitas.

Y entonces aparecieron esos ojillos que yo conocía muy bien. Esos ojillos traviesos y esa sonrisa que se te ponía cuando sabías que ibas a recibir halagos, que era muy a menudo, aunque tú te quejaras de todo.

—Mila, quiero darte las gracias. Por muchísimas cosas. Por haber aparecido en mi vida, por dejarme compartirla contigo, por estar siempre a mi lado. Quiero que sepas que te quiero mucho y que nunca nunca te voy a olvidar. Gracias, Mila.

Y tú te reíste. Te reíste con esa risa muy corta que soltabas cuando te encontrabas a gusto.

—Mila, te vamos a echar mucho de menos.

La escena me resultaba muy extraña ya viviéndola allí. Estaba diciéndole adiós a una de mis personas más queridas porque se moría. Te estabas muriendo, pero no había tragedia en el ambiente. La verdad, jamás presentí que se estuviera produciendo algo definitivo.

—Ya verás como cuando os venga a la memoria alguna de mis chorradas os acordaréis de mí.

—Seguro que sí, no lo dudes.

—La que seguro que no se va a olvidar de mí es mi oncóloga —me soltaste con esa mala leche tuya que no podía faltar ni en un momento como ese. Pero también pronunciaste esas palabras riéndote.

La marca «Mila» no podía faltar ni en tu despedida. Sé que esa misma oncóloga te había dicho desde el principio que el cáncer no te mataría. Estoy convencido de que si fue tan contundente es porque de verdad lo creía.

Las cosas pasan, simplemente, y muchas veces pasan de una manera que nos cuesta aceptar. Es inútil revolverse contra la realidad. Recuerdo la frase de Alicia, una de mis psicólogas: «Por mucho que te des cabezazos contra la pared, la pared seguirá estando ahí».

—Por favor, Mila. Haznos una señal para saber que estás bien.

—Si me dejan...

Y te abracé, ¿te acuerdas? Te abracé mucho, y me hubiera tirado mucho más tiempo abrazándote. Pero te noté cansada, muy cansada.

—¿Quieres que me vaya y así duermes un poquito?

—Sí.

Ahí comprendí cómo debías estar de agotada para que prefirieras que me marchara. Te abracé una última vez y me fui a trabajar. Feliz, o al menos todo lo feliz que podía estar en ese momento, porque mi Mila no estaba sufriendo. Llamé a P.

—Quiere despedirse ti.

—No quiero ir.

—Claro que vas a ir. Solo quiere despedirse de cuatro personas y tú estás entre ellas, así que no me vengas con tonterías.

Fue. Claro que fue. Y después me dijo:

—Gracias por obligarme. Si no lo hubieras hecho, no habría ido.

Te fuiste diez días después. María Patiño y Belén Esteban estaban tan destrozadas que no querían ir al especial que se había programado en televisión. Las llamé. Ambas lloraban desconsoladamente, pero cómo sería mi tono de voz que llegaron puntuales al programa. Si es que cuando me pongo en plan dictador, me pongo. Sabía que, si no estaban ese día, luego se arrepentirían. Fueron y estuvieron maravillosas, recordándote en todo tu esplendor. Como igual de maravillosos estuvieron todos los que acudieron a rendirte el último adiós a nuestra Mila. Quién me iba a decir a mí que la primera y única muerte del programa iba a ser la de una de mis mejores amigas. Era una posibilidad que jamás había barajado.

Todos nos sentimos aliviados cuando nos enteramos de tu fallecimiento porque deseábamos que la agonía finalizase lo antes posible. En aquel momento no podía imaginar que me tocaba enfrentarme a uno de los años más convulsos de mi vida. Otro de tantos, pero con una variable que jamás había existido antes: tú ya no ibas a estar para mirarme. Para animarme cuando me atormentara. Para presumir de que «tu chico» podía hacer lo que se propusiera.

Cuando te fuiste, yo dejé de creer un poco en mí. Me olvidé de forjar nuevas ilusiones, porque me quedé sin la persona que me empujaba a crecer cada día un poco más. Te fuiste y durante un año he vivido como a medio gas. Sin mucha luz. A ratos, directamente entre sombras.

No tenía un suelo firme al que aferrarme, dejaba que la vida viviera por mí.

A veces estoy hablando con alguien y escucho tus risas por un comentario que acabo de hacer. Otras, las más, me gustaría que estuvieras aquí para que nos riéramos de cualquier tontería o me descojonara de uno de esos múltiples planes imposibles que imaginabas cuando estabas harta del trabajo. Yo me reía, y tú sabías que conmigo no iban esas escenas melodramáticas, y entonces acabábamos riéndonos los dos.

Desde que te fuiste me han caído un montón de años encima, pero yo no quiero seguir así. Mi madre me dijo un día que por las noches os pide a mi padre y a ti que me echéis un cable, y aquello me reventó por dentro. Me destroza confirmar que mi madre no sabe qué hacer para ayudarme y que solo le queda recurrir a vosotros.

Yo pensaba que nunca ibas a morir, Mila. Pero te has muerto. Y me cuesta hacerme a la idea de que no te voy a volver a ver, al menos en esta vida.

4

Instagram y gelatina

He tomado una determinación: voy a dedicarle mucho menos tiempo a Instagram.

Me produce frustración ver ese desfile de cuerpos jóvenes perfectamente esculpidos, con poca ropa: calzoncillos, bañadores, pantalones de deporte... En vez de placer, me genera impotencia saber que existe ese mundo y que no está al alcance de mi mano. No lo está, es la verdad, porque esos muchachos que exhiben sus bellas figuras en las redes andan a la caza de cuerpos y personas de edades similares a las suyas. Normal, ¡qué coño!

Uno busca esos cuerpos y ese regocijo en las redes sociales porque en el Prado no es muy usual que puedas llegar a encontrártelos. Si así fuera, ya me habría hecho yo experto en Velázquez, en Goya, en Tintoretto y hasta en su madre.

Ojo, que yo los entiendo. Si a los veinticinco hubiera tenido un cuerpo de esos que veo en Instagram, podría haber hecho mía aquella frase que se pronuncia en *Río Bravo:* «Si mi cuerpo fuera un rancho, se llamaría Tierra de Nadie».

Le comento a César, mi *community,* mis nuevas inquietudes y me dice que esos cuerpos no le ponen nada. Que son solo eso, cuerpos, pero con una sola neurona en el cerebro.

—Pero ¿y para qué quieren más? —le respondo, casi enfadado, como si los cuerpos fueran míos. Además, eso de que los tíos buenos están vacíos por dentro es una generalización, y las generalizaciones siempre son groseras. Anda que no he conocido yo a tíos más feos que pegarle a un padre con un calcetín e idiotas perdidos.

Y además, ¡qué manía con que la gente tenga conversación, hija! Con lo bonito que es el silencio en las parejas... ¿No te parece?

Nadie me entiende, y yo vuelvo a estar cachondo. Pero mucho, ¿eh? Muy cachondo. De todos los antidepresivos que tomo, me han quitado uno, y debía ser justo el que me tenía la libido en barbecho, porque ha sido dejarlo y esto se ha convertido en un terreno que necesita abundante regadío.

Parece que están esperando a que tome la decisión de abandonar las redes, porque justo el día que decido apartarme de Instagram me escribe un niñato de veintitrés años. Que quiere mambo. Y se atreve a preguntarme por mi rol. Pero yo no me corto:

Soy activo.

Seguimos hablando. Por alguna razón, al cabo de un rato me vuelve a preguntar que qué me va en el sexo.

Oye, que ya te lo he dicho. Que soy más bien activo.

No, no, eso es tu rol, ya me ha quedado claro. Te pregunto que qué te va.

Joder, cómo sois los jóvenes ahora. Pues mejor descubrirlo que contarlo, ¿no?

¡Es que en mi generación somos detallistas!

Mira, yo lo único que pido es higiene.

¡Sí, sí! Para mí eso es importantísimo. Por ese lado conmigo no te preocupes. Soy muy morboso, pero siempre con un poco de cabeza.

Tendré que probarlo.

Y le da un *like* a mi comentario. Lo sé porque me sale un corazoncito justo al lado.

Oye, ¿y cómo vas de dotación?

Mira, no. Por ahí no paso. Se lo hago saber, y me responde:

Olvida la pregunta entonces. Pero que sepas que estoy deseando conocerte, creo que nos podemos llevar bien. Y disculpa por la pregunta.

Y añade un emoticono con una lágrima. Como tardo en contestar, veo que vuelve a escribir. Sé que se ha quedado tocado por mi respuesta y mi silencio le está inquietando. Insiste:

Dime algo, que ahora me siento mal.

Qué obvios somos, joder. Yo a su edad hubiera hecho lo mismo.

Le cuento todo esto a Alberto Díaz mientras va de camino al trabajo entre atasco y atasco y se descojona, que es lo que hace siempre cuando lo pongo al día de todas mis trascendentales cuitas.

—Si es que está muy bien que me guste todo este cachondeo ahora que tengo cincuenta y estoy más o menos de buen ver —le digo—. Pero ¿qué pasará cuando cumpla sesenta?

—Pues ahí es donde veo yo el problema.

—Bueno, tampoco tanto, ¿eh? —me revuelvo—, que los hay de veinte a los que les gustan los de esa edad.

—También es verdad...

Otro problema que me quito de la cabeza de un plumazo. Tengo a un muchacho de veintitrés años que está estudiando un máster de abogacía loquito por mis huesos, pero a mí el que me vuelve loco es un argentino de veintiocho con dudoso futuro. Ahora está fuera de combate, en casa, recuperándose de unas clamidias y de la viruela del mono. Le envío un meme que dice: «Poco te pasa para ser tan puta». Cuando me responde, lo hace con una carita triste:

¡Ahora voy a tener que estar un mes sin tener relaciones íntimas!

¡Mejor! Así nos da tiempo a conocernos. Y mira, te pierdes el Orgullo. ¡Con las ganas que tenías de disfrutarlo! No sabes la alegría que me da.

Mira que eres malo.

Ayer, después de comerme en directo en *Sálvame* una gelatina de un solo sorbo, me escribió un muchacho. El primer mensaje que me llegó al móvil decía:

¿Comes culo igual que comes gelatina?

El segundo no fue mucho más sutil:

Quiero que te comas una encima de mí.

Estas son algunas de las cosas que me suceden mientras trabajo. Por curiosidad, y porque me divierte, le pregunto a César, mi *community,* si me vio ayer con el asunto de las gelatinas.

—No —reconoce—. Además, es que me pone muy nervioso verte comer en la tele, porque me doy cuenta de que desconectas.

—¡Cómo me conoces! Además, cuando estoy merendando y por el pinganillo me dicen que tengo que dar paso a un vídeo, ¡me da una rabia! Me dan ganas de decirles a los directores: «Pero ¿no veis que estoy comiendo?».

—Ya, tía, es que se te nota un huevo...

Sí, *tía.* Porque César y yo nos saludamos de esa manera: «¿Qué pasa, tía?».

Otras veces intento cabrearle echándole la bronca porque no me sale ninguna campaña en las redes.

—Mira, guapo, con lo importante que soy y no facturo nada. Y luego veo a gente que es una mierda pinchada en un palo que está hartándose a ganar dinero. ¡Te voy a dejar!

—Pues mira, ojalá —se ríe siempre que lo amenazo—, a ver si así dejas de darme por saco.

Él es así. Un castellano austero. De Valladolid. No se arredra ante las advertencias de una diva de la comunicación.

La cuestión es que, en medio de esta locura y todas esas bromas, me doy cuenta de pronto de que me siento bien. De repente soy consciente de que hace tiempo que ya no me viene a la cabeza la idea de la muerte de forma aleatoria. Llevo días sin pasar las horas pensando en qué habrá después, en si a mí me tocará premio o castigo.

La cuestión es que, en medio de esta locura y todas esas bromas, me doy cuenta de pronto de que me siento bien.

Yo soy de la teoría de que el calor y los días más largos le quitan a uno muchas tonterías de la cabeza, así que habrá que mudarse a Canarias.

5

Todo un disparate

Tengo una ilusión. En realidad, llevo varios días ilusionado con la misma ilusión que cuando era adolescente. Y me hace mucha ilusión haber recuperado la ilusión.

Si lo pienso bien, no es tanto que la haya recuperado, lo que ocurre es que me alegra haber descubierto que la ilusión sigue estando ahí: ¡porque me voy a ver a Paloma San Basilio a Miami y a Puerto Rico!

Y sí, mucha gente, al leer esto, pensará: «Pues chico, vaya ilusión».

Pero lo bueno de las ilusiones es que son libres, cada cual tiene las suyas. Y la mía desde que era adolescente es ver a Paloma San Basilio en concierto.

La descubrí cuando en 1985 fue a Eurovisión a cantar *La fiesta terminó*. Tenía quince años, imagínate tú, en plena edad del pavo y, además, maricón. Abundo en lo de *maricón* porque creo que en esta historia es fundamental.

Porque ningún maricón con un mínimo sentido de la estética pudo permanecer impávido ante aquella actuación. Maquillada y peinada a la perfección —aunque ahora se dice «muy bien producida»—, con ese mítico traje blanco que además llevaba incrustada una pedrería que con los focos brillaba mogollón y, lo más importante, exhibiendo esa clase de agudos que a los maricas nos impresionan tanto. En resumen: una diva.

Mi hermana Esther me compró el LP, que también se titulaba *La fiesta terminó,* y ahí empezó una pasión obsesiva, casi enfermiza. Recortaba todo lo que se publicaba de ella. Llegué a tener carpetas y carpetas porque todos los miembros de mi familia estaban advertidos de que debían guardar cualquier cosa que encontraran sobre ella. Mi cuñado Carlos cometió un acto de vandalismo por mi culpa: se cargó el cristal de una cabina de teléfonos para hacerse con un póster de promoción de su disco *Grande.* Ese póster estuvo colgado en mi habitación hasta que, con veinticinco años, me vine a Madrid.

Los discos de Paloma San Basilio me ayudaron a cubrir muchas horas de soledad en mi adolescencia. Cuando mis compañeros de bachillerato estaban encantados con la irrupción de Marta Sánchez en *Olé Olé,* yo estaba enganchado a la San Basilio. Para un muchacho como yo, que estaba descubriendo que su sexualidad no se ajustaba a lo que se consideraba «normal», Paloma significaba casi una liberación. Ella, con esas apariciones televisivas en las que salía a plató precedida de mucho humo blanco, trajes de lentejuelas propios de estrella musical norteamericana y una estudiadísima lejanía, venía a decirme que existía otra vida. Otro mundo. Y que ese mundo estaba repleto de una luz que a veces faltaba en el mío.

Para un muchacho como yo, que estaba descubriendo que su sexualidad no se ajustaba a lo que se consideraba «normal», Paloma significaba casi una liberación.

Corría el año 1989 cuando me surgió por primera vez la oportunidad de verla en directo. Iba a actuar el 14 de agosto en el Castillo de Perelada, que es un sitio tan precioso —lo es, y mucho— como pijo.

Yo estaba trabajando de reponedor de frutas y verduras en un Pryca, puesto para el que tuve que sacarme el carnet de manipulador de alimentos. El examen, todavía lo recuerdo, contenía preguntas tan complicadas como: «¿Es necesario lavarse las manos antes de empezar a trabajar?». La respuesta es «sí». Lo digo para los despistados.

Trabajaba viernes y sábados y me pagaban muy bien. Tanto que pude reservar dos entradas para ir a ver a San Basilio a Perelada. Las más caras, claro: cinco mil pesetas cada una. Treinta euros de hace treinta años. Si echas cuentas, te sale una pequeña fortuna. Invité a una persona que tenía coche, porque llegar hasta allá era complicadísimo. Al final, esa persona se rajó y tuve que ir yo solo. Menos mal que en taquilla solo me cobraron mi entrada.

Ahora pienso en aquel chico que fue solo al concierto y me da mucha ternura. Tuve que coger el tren hasta Figueres y luego ir andando hasta Perelada. La distancia no era mucha, poco más de un kilómetro. Pero se me hizo larguísimo. Yo, vestido de domingo para ir a un concierto, caminando a pleno sol de agosto por una carreterita que no estaba preparada para pasear. Y a mi lado pasando coches y coches que iban al recital. Repito, qué ternura.

Llevaba un polo pistacho y una americana de mi padre que yo creo que me hacía parecer mayor. Nunca he tenido gusto para vestirme, la verdad, pero ahora te cuento por qué recuerdo este atuendo en concreto.

Hay gente que tiene la habilidad innata de controlar su cuerpo y cualquier cosa que se eche encima le luce una barbaridad. Es una cuestión de actitud, de saber caminar, de seguridad otras veces. Si tengo alguna de estas características, la he adquirido con el paso de los años, pero vamos, que no soy yo de los que van a un sitio y al día siguiente aparece en los *rankings* como uno de los más elegantes. Es algo que no envidio. Preferiría ser muy guapo y tener una complexión fibrada. Siem-

Siempre he pensado que el mundo se debe ver de otra manera cuando te levantas sabiendo que vas a ser el centro de atención por tu belleza.

pre he pensado que el mundo se debe ver de otra manera cuando te levantas sabiendo que vas a ser el centro de atención por tu belleza. Qué maravilla. Qué puta tranquilidad.

En el concierto estaba sentado en la fila tres. Pegadito al escenario. Lo que yo sentí cuando vi aparecer en directo a esta señora por primera vez en mi vida fue como una mezcla de viaje astral y experiencia paranormal. Sufrí taquicardias y pasé todo el concierto en éxtasis. Santa Teresa de Jesús habría estado muy orgullosa de mí. Solo me faltó levitar, y no podría asegurar que en algún momento no lo hiciera. Me sentía muy orgulloso cuando la gente la aplaudía. Ese orgullo que sientes cuando alguien a quien de alguna manera aprecias cautiva también a los demás. Ese mismo orgullo que siente un padre cuando su hijo le trae buenas notas.

Tras el espectáculo, pude incluso hacerme una foto con ella. Yo no llevaba cámara, pero unos fans me la hicieron y luego me la enviaron a mi casa. La verdad es que yo hasta me había olvidado de la foto, pero pasó algún tiempo —no recuerdo cuánto— y recibí una carta. En la época en la que recibir cartas era algo que siempre te provocaba un come come muy excitante. Me encerré en el váter para leerla porque no me sonaba nada la remitente. Me senté en la taza —creo que ni me bajé los pantalones— y cuando la abrí y apareció la foto pegué tal chillido que mi madre, que estaba en la cocina, me echó una bronca tremenda porque pensó que me había pasado algo. Cuando le conté la noticia tampoco la acogió con mucho entusiasmo. Yo creo que en el fondo tenía miedo de que quisiera hacerme mujer y parecerme a Paloma San Basilio, tal era mi obsesión.

Ahora veo al muchacho de la foto y pienso: «Si tú supieras todo lo que te está preparando la vida». Y pienso también que no se hubiera arredrado. Que estaba dispuesto a luchar por conocer ese otro mundo que imaginaba que existía en su diminuta habitación de Badalona. Luego vendría lo del demonio y la carne, que también me lo he gozado, como dicen ahora los jóvenes. Y lo seguiré haciendo, porque ya se sabe que quien tiene un vicio, si no se mea en la puerta, se mea en el quicio.

Tras el concierto en Perelada tuve que hacer noche en un hotel de Figueres. ¿Quién me llevó en coche hasta Figueres? ¿Los mismos que me hicieron la foto? No lo recuerdo. Al día siguiente, antes de volver a Badalona, desayuné en una plaza de la ciudad. Lo recuerdo como si fuera hoy porque era muy feliz.

Con los años, aquel muchacho se convirtió en el Jorge Javier que hoy conoce la gente. Siempre que la ocasión lo permitía, el chaval viajaba hasta cualquier punto de España para ver un concierto de Paloma San Basilio. ¡Incluso la fui a ver una vez que actuaba en Nueva York y coincidió que estaba yo allí con P.! (A P. le pasa con Luz Casal lo mismo que a mí con Paloma, lo dejo aquí como anécdota.) Y siempre las mismas taquicardias, la misma vergüenza al ir a hablar con ella. Esos días previos a ir a un concierto cargados de nerviosismo, todo me sigue ocurriendo igual.

Aunque ahora es ligeramente distinto. El viaje a Miami y a Puerto Rico tiene otras connotaciones. Desde que acabé *Desmontando a Séneca* en Madrid —a mediados de marzo— no he vuelto a pisar un teatro.

Necesitaba sanarme, que desapareciera ese recuerdo agridulce —más lo primero que lo segundo— de mi paso por la capital. Tenía mitificado el mundo del teatro y pensaba que los artistas solo vivían durante las dos horas que duraba la representación. Para mí su existencia solo se desarrollaba bajo los focos y no tenían otra vida más que esa. Y claro que la tienen. La tenemos, porque yo también soy artista, qué coño. Y durante esos dos meses que estuvimos en Madrid me pesó, ya lo he contado, la ausencia de público.

Tenía mitificado el mundo del teatro y pensaba que los artistas solo vivían durante las dos horas que duraba la representación. Para mí su existencia solo se desarrollaba bajo los focos y no tenían otra vida más que esa.

Todo me parecía triste. Ese patio de butacas demasiado vacío, ese camerino tan pequeño en el que pasaba calor cuando ponía el calefactor —estábamos en pleno invierno— y frío cuando lo quitaba. Empezamos la temporada muy mal y la acabamos dignamente. Pero el recuerdo amargo sigue ahí. Y no es por la función, que era maravillosa. Sino también porque se juntaron otros factores: la marcha de Mila, una España muy desanimada y cansada por enfrentarse a tantas olas de covid, el inicio de la guerra de Ucrania que tanto nos desconcertó a todos, mi propio estado anímico. Por eso, mi más rendida admiración a los que vinieron a verme.

Leyendo la autobiografía de Paloma he descubierto que ella también ha convivido con algunas sombras en su profesión. Una tristeza cercana a la depresión por culpa de *Víctor o Victoria*, una obra que no acabó de funcionar. Cortar de cuajo en pleno éxito la promoción de un disco porque su hija la reclamaba. O, lo que me parece más terrible: enterrar a su madre una mañana y por la tarde estrenar *Evita* sin que ninguno de sus compañeros supiera nada.

Yo sé que luego el escenario absorbe todo lo malo y te devuelve la energía limpia, renovada. Pero al acabar sigue esperándote la vida cotidiana.

Yo sé que luego el escenario absorbe todo lo malo y te devuelve la energía limpia, renovada. Pero al acabar sigue esperándote la vida cotidiana, que en ocasiones aplasta a los artistas y a los que no lo son. No distingue. En algún momento siempre nos pasa factura.

Fuera de los escenarios, no he tenido relación con Paloma San Basilio. Mi misma historia la habrán vivido cientos de personas en España o en América, esa cancioncita que yo creo original debe estar cansada de escucharla. A mí me ha pasado que alguien me ha escrito cosas bellísimas o me ha parado por la calle para explicarme lo importante que soy en su vida y me quedo tan impresionado que no soy capaz de responder. Me cuesta comprender que pueda llegar a generar tantos sentimientos bonitos, porque me conozco y tengo las mismas miserias que todos los demás. Supongo que lo mismo le pasará a ella.

Solo una vez he tomado algo con Paloma y vale la pena explicar la situación. Un sábado por la mañana me operé en Barcelona de las bolas de Bichat. Con sedación y todo. Descansé un poco en casa de mi hermana Ana, en Badalona, y por la tarde me cogí un vuelo para Bilbao porque había comprado entradas para verla en el Arriaga. Fui con mi amiga Gloria y disfrutamos mucho la actuación.

Cenamos en el hotel, y la cara, después de la operación, se me fue hinchando por momentos. Apareció Paloma en el restaurante con unos amigos. Yo me quería morir de la vergüenza. Nos saludamos desde las mesas. Nos invitó a la cena y en correspondencia yo le envié una botella de champán que compartimos con ella y con sus amigos mientras mi cara iba adquiriendo unas formas estrambóticas, aunque ella me repitiera gentilmente que no notaba nada. En fin, una situación muy ridícula.

Nunca más a lo largo de estos treinta años hemos quedado para almorzar/merendar/cenar. Creo que me ha beneficiado esa lejanía que ella ha marcado, porque he seguido mitificándola. Y a mí mitificar a una persona me ha liberado de muchas horas de aburrimiento. Es un entretenimiento muy sano. No sé si ahora la gente mitifica con tanta intensidad, porque con las redes descubres a ciento cincuenta personas más o menos increíbles cada día. Además, para mitificar debes ser generoso y reconocer el talento en el otro, y no todo el mundo está dispuesto a admitir que carece de él para ciertas materias o que, directamente, no tiene ninguno. También digo que con las redes resulta muy complicado mitificar a alguien. Sin misterio no hay mito, y ahora el artista exhibe su vida las veinticuatro horas del día para tener enganchado a su público. Es imposible salir indemne de tanta exposición. Al final te acaba aburriendo o, lo que es peor, produciéndote hastío.

En fin, lo importante es que yo tengo una ilusión. Una ilusión, incluso, más madura. Porque ya no estaré pensando durante el concierto que ojalá pueda verla después en persona. Porque han pasado los años y aquel muchacho de diecinueve está a punto de cumplir cincuenta y dos y ella andará por los setenta y algo. Quiero saber qué siento, qué se me viene a la memoria. Y también quiero volver a saber si me sigue emocionando tanto el teatro como para volver a él.

Según escribo esto, llevo ya la mitad del vuelo de Miami. A mi lado, Cristina ve en el móvil no sé qué serie. Ayer tuve un día frenético. Me desperté a las seis de la mañana y comencé a escribir este capítulo. Desayuné. Seguí escribiendo. A las diez apareció Fernando para que entrenásemos cuádriceps y gemelos. A las once, cita en casa con Nacho, mi fisio. Durante la sesión le cuento que en verano viajaré a África y mi compañera Adela, que está pegando oreja, me aconseja que lleve condones. Nacho, en cambio, me advierte entre risas que tenga cuidado con la pluma, porque allí me lapidan.

A las doce y media han venido a cortarme el pelo. A las dos he grabado una intervención radiofónica para Catalunya Radio. He almorzado. Después de almorzar me he comido un kilo de piña que casi me provoca un corte de digestión. Intento echarme una siesta, pero no puedo. Me hago dos pajas. Es que tengo un calentón encima que no puedo con él, creo que ya he contado que me han retirado la medicación que me tenía dormida la libido y ahora ando cachondo casi todo el día. La psicóloga me va a echar del centro.

Me levanto para hacer la maleta a las cinco y veinte, vienen a hacerme el test de antígenos necesario para entrar en Estados Unidos, vuelvo a entrenar con Fernando, esta vez hombro y trapecio. Me ducho deprisa y corriendo porque tengo que entrar por videollamada en un programa de Xavier Sardà, hasta que por fin viene a buscarme el coche para llevarme a presentar la gala de *Supervivientes*. Menos mal. Qué relax. Es que, como cantaba Martirio en una canción, yo vengo al trabajo a reírme y a descansar.

Tras el curro —a eso de las dos y cuarto de la madrugada—, Cristina se queda a dormir en casa y, después de varios intentos, consigue despertarme a las siete de la mañana. Se conoce que estaba yo como un ceporro. Desayunamos en el aeropuerto. De hecho, me paso el resto del día comiendo. Menos mal que, como todo el mundo sabe, lo que se come en el avión no engorda.

Aterrizamos en Miami y nos encontramos con una cola inmensa en el control de pasaportes. Calculo que estaremos cerca de hora y media hasta que nos llegue nuestro turno. Pero aparece una trabajadora cubana simpatiquísima que me reconoce y nos cuela. Que vivió en Valencia cuatro años, me dice, que era muy fan y que sigue viendo el *Deluxe* todas las semanas desde aquí. Pues no empieza mal la cosa.

Al llegar al hotel, tías en bikini en el *hall* con botellas de champán y ganas de marcha. Todo muy ordinario, como a mí me gusta. Nos hacen un *upgrade* y nos colocan en una *suite* con dos habitaciones. Joder con Miami, está saliendo todo redondo.

Además, aquí todo el mundo me parece guapísimo. Sobre todo, ellos. Me imagino viviendo con el recepcionista o con el moreno que nos ha recibido en la puerta. Llevando una vida sana, de norteamericano feliz, en una casita con jardín y barbacoa y yendo a la playa todos los días. A veces pienso que me da rabia cumplir años, porque hay tantos sitios de los que disfrutar que la vida se te hace corta. Creo sinceramente que la psiquiatra ha acertado con la nueva medicación. Cristina y yo tenemos pensado tirarnos a la calle a ver qué pasa, pero antes me como del minibar unas Pringles y una barrita de proteínas.

A veces pienso que me da rabia cumplir años, porque hay tantos sitios de los que disfrutar que la vida se te hace corta.

South Beach huele a marihuana que lo flipas. Tanto que busco en Google a ver si es legal, y sí, pero para los enfermos. Debe haberlos a patadas, porque no hay calle en la que no parezca que está todo el mundo fumando. Claro, tanto olemos a marihuana que nos vuelve a entrar el hambre. Cenamos y remato con un tiramisú. Y antes de ir a dormir me doy el capricho de tomarme otro helado de vainilla. Maldita maría.

Por fin llega el día del concierto, en el James L. Knight Center. El nombre suena muy pomposo, pero la comodidad es ínfima. La zona más cara —la mía— está compuesta por unas sillas plegables tan estrechas que hoy por hoy sería impensable que las fabricaran, porque, con lo concienciados que estamos con esto de las tallas de la ropa, una persona medio gorda ya te digo yo que ahí no cabe. De hecho, tengo la pierna del señor de al lado rozándome continuamente. Si se las sometiera a la cultura de la cancelación, esas sillas acababan en el fuego. Cerca de quinientos euros pagué por cada una de ellas. Si lo sé, me traigo dos de España.

De todo el repertorio de Paloma San Basilio hay pocas canciones que deteste tanto como el *Concierto de Aranjuez*. Pues justo con esa inicia el recital. Pero como buen fan obsesivo, me sobrepongo e intento relajarme. Creo que no lo consigo. Demasiadas cosas en las que pensar. Muchas emociones agolpadas. Gente pidiendo canciones como si estuviéramos en la verbena de un pueblo. Señoras que se acercan al escenario mientras ella canta al tiempo que la acompañante le hace una foto para captar el momento, como cuando uno va a un safari y ensaya todas las posturas posibles para fotografiarse delante de un animal. Y por encima de todo, yo, que la sigo desde que era pequeño, noto desde el principio algo extraño. No está Julio Awad al piano, su director musical desde hace la tira de años, porque dio positivo de covid el jueves antes del concierto. Curiosidades de la vida: Julio fue también el director musical de *Iba en serio* y *Grandes éxitos*.

El nuevo pianista ha tenido que aprenderse el concierto en poco más de un día. Me pregunta Cristina que qué tal y le digo que no sé. Racionalizo tanto lo que estoy viendo que me olvido de disfrutar. Le respondo que la he visto frágil, a veces insegura y en algunos tramos un poco titubeante. Vamos, lo más normal del mundo si pierdes a una de las partes esenciales del engranaje del *show*. Quien me conoce sabe que necesito tiempo para procesar emociones. En ese aspecto soy lento. Cristina la graba cuando canta *Despacito*, de Luis Fonsi.

Para los que vayan a Miami, un consejo: imprescindible bajarse la aplicación Uber. Conseguir un taxi en Miami es encontrar una aguja en un pajar. Algo exasperante.

El domingo no empieza bien. Los del hotel se olvidan de pedirnos un taxi y aparece media hora más tarde. En el aeropuerto nos envían de un mostrador a otro y perdemos el vuelo a Puerto Rico. Y para el siguiente, el único que nos serviría para llegar al concierto, estamos en lista de espera. Pasamos el control y hacemos nuestro el «donde fueres, haz lo que vieres». Estamos recién desayunados del hotel, pero con la tensión acumulada nos metemos en un Friday's y Cristina se empuja una hamburguesa con «de todo» y dos Coca-Colas. Yo, cuatro bolas de vainilla y dos Coca-Colas. Rellenos como pavos en Navidad, conseguimos volar a Puerto Rico con el tiempo justo para llegar al concierto.

Durante las dos horas de este segundo recital me da tiempo a pensar mucho. Sobre todo, en cómo era aquel muchacho que se ponía nervioso cuando veía actuar a Paloma, que moría por hacerse luego una foto con ella y que no era capaz de enhebrar tres frases seguidas con un poco de coherencia al tenerla delante. Era muy romántico y muy soñador. Muy ingenuo también. Enamoradizo hasta límites irrisorios.

Según términos objetivos, la vida me ha ido muy bien. Pero creo que aquel chico que escuchaba esas canciones tan románticas de Paloma San Basilio jamás pensó que a los cincuenta y dos años estaría solo. Yo era de los que creían en el amor para siempre, para toda la vida. Pero solo dos amores han aparecido en la mía y ahora ya no sé si aparecerá otro. Y si aparece, que sea para matarme de amor. En ese aspecto no quiero soluciones descafeinadas.

Según términos objetivos, la vida me ha ido muy bien. Pero creo que aquel chico que escuchaba esas canciones tan románticas de Paloma San Basilio jamás pensó que a los cincuenta y dos años estaría solo.

Voy a intentar explicarme mejor. No me importa tener cincuenta y dos años, pero no me gusta la vida que se supone que tengo que llevar a esta edad. Ordenada, sin sobresaltos. No quiero que pase el tiempo porque no tengo nada claro. No sé si quiero un novio, pero me gustaría tener a alguien a mi lado con quien compartir. De manera apasionada, no un compañero de piso. Si no, prefiero estar solo. Me gusta tener aventuras, pero cada vez me dejan más rasguños en el alma. Los años pasan y lo efímero acaba doliéndome.

Sí, soy todo un disparate.

Un señor de cincuenta y dos años maduro en el aspecto profesional, pero todo un adolescente en lo demás. Me gustaría que organizasen Interrailes y Erasmus para gente de más de cincuenta. Para esa gente que, por las razones que sean, no supo disfrutar de la juventud y siente que tiene esa deuda pendiente. Gente que haya dejado atrás sus traumas y que no mire al pasado con resentimiento, sino como esa asignatura que le quedó en julio y, después de toda una vida de mucho trabajo, está convencida de que la sacará *cum laude* en septiembre. Se lo cuento a César, mi *community manager*, y me dice muy serio:

—No conozco a persona más desequilibrada que tú. Y mira que conozco gente.

«Nosotros, los de entonces, ya no somos los mismos.» Ni Paloma ni yo. Ella sigue siendo para mí esa imagen que de alguna u otra manera me ha acompañado en todas las etapas de mi vida. Sería más *cool* que dijera que lo ha sido Bruce Springsteen o David Bowie, pero no. Ha sido ella. Es como esa novela, película o poema al que siempre vuelves porque consigue hacerte reencontrarte con alguna parte de tu inocencia y que por algún motivo u otro nunca defrauda.

Termino de escribir este capítulo ya en el avión de vuelta. Sí, sí, ahora os cuento lo de Puerto Rico. Durante este viaje me he dado cuenta de que, con los años, ese chico que tanto la escuchaba dejaría de llorar —con la facilidad con la que lo hacía antes— y muchas veces se mortificaría preguntándose cuándo había dejado de aprender a querer. Este hombre piensa ahora, cuando emprende el viaje de vuelta a Madrid, que le gustaría que la vida fuera igual que un concierto de Paloma San Basilio, porque siempre acaba bien.

Ha sido en Puerto Rico cuando me ha visto desde el escenario. Me miró como asombrada, como diciendo: «Pero ¿qué haces aquí? ¿Después de tantos años todavía te dura lo mío?». Yo intenté explicarle con un gesto que también la había visto el día anterior en Miami, pero después Cristina me dijo que ella habría entendido que la iría a saludar luego. No lo sé. El caso es que no intenté en ninguno de los conciertos ir a verla porque me daba pereza presentarme a la gente del teatro y decirle, como cuando era más joven, que ella me conocía y todo eso. En ocasiones había trabajadores del teatro que te ayudaban y en otras que no, porque a veces los fans somos muy pesados y nos ponemos hasta histéricos. Mejor no intentarlo y seguir dándole gasolina a mi mitomanía con esos encuentros que no se producen. Y creo que tampoco intenté ir a verla porque me gusta más imaginar. Me da más cancha. Eso sí: Cristina y yo nos hemos pasado todo el puto viaje escuchándola cantar *Despacito.* Todo el día. A todas horas. En bucle.

Después del espectáculo, nos fuimos a cenar a La Placita, que es un sitio con locales muy marchosos con música en vivo, y luego a otra calle con mucho ambiente. Yo intentaba hacer pandilla acercándome a los chicos monos para preguntarlos que dónde se iba luego, pero Cristina se reía de mí y me llamaba antiguo.

—Ahora la gente no liga en las discotecas, eso ya no se lleva.

Pues qué rollo. Sí que pedimos ayuda a unos jovencitos muy apañados para que nos consiguieran un taxi y les contamos que en La Placita nos habían hablado de una discoteca, pero no nos la recomendaban porque había gente con pistolas. Que ese ambiente no era para nosotros.

—Pero es que aquí está permitido llevar pistolas. ¡Nosotros también llevamos la nuestra!

Y se levantaron la camisa y nos la enseñaron como quien enseña un cinturón de marca. Los muchachos no llegaban a los treinta y nos contaron que solo la podían utilizar si se encontraban en peligro de muerte. Las maneras de comportarse del lejano Oeste están más vivas que nunca en Estados Unidos.

Todavía no se me han despertado las ganas de volver al teatro, que era algo que pensaba que iba a florecer después de ir a un concierto. Pero no. No me siento preparado para compartir emociones porque sencillamente no las tengo. Necesito recargarme, ilusionarme. Pero, por encima de todo, necesito vivir sin añadir nuevas obligaciones que me asfixien. Debo ser práctico, no cegarme por la emoción, y aceptar, aunque sea doloroso, que no se puede hacer de todo sin pagar un precio personal muy alto. Ni puedo ni debo estar en esa onda. Los años pasan cada vez más rápido y quiero vivirlos sin angustias. Tras varias décadas de intensa siembra llega la época del disfrute. (Ahora viene cuando me muero de cualquier cosa y en las revistas repiten a machamartillo que, cuando lo tenía todo y por fin estaba delgado, va y se muere. La vida es así de hija de puta.) Ahora quiero vivir, no que me vivan. Es un pensamiento que se me ha metido en la cabeza mientras escribo este libro y me parece que le pega mucho a lo que siento. Además, ya conozco lo que sucede detrás del telón de un escenario y no estoy preparado para enfrentarme a ello. Mira, soy una estrella de la televisión. Eso es algo indiscutible. Y en este momento de mi carrera el teatro significa, entre otras cosas, tener que llenar y llenar recintos porque en teoría mi nombre tiene mucho tirón. Pero a veces pasa y a veces no. Y yo lo que necesito, entre otras cosas, es dejar de sentir que soy algo más que un producto que da dinero.

Necesito recargarme, ilusionarme. Pero, por encima de todo, necesito vivir sin añadir nuevas obligaciones que me asfixien.

De Puerto Rico volvimos a Miami antes de regresar definitivamente a España. Le di a leer este capítulo a Cristina y le pareció muy tierno, pero añade que no he sido capaz de transmitir todo lo que he llegado a sentir.

—Has estado nerviosísimo durante todo el viaje.

—¿De verdad? Yo no me lo he notado.

—Nunca te había visto así. Además, no has parado de hablar de los conciertos.

No he sido consciente. Quizás he intentado echar balones fuera porque no he querido entrar en el fondo de la cuestión. Me ha aplastado la nostalgia y un cierto sentido de pérdida. De alguna manera, la pandemia nos ha afectado a todos, y a ella, a Paloma, creo que se lo he notado a la hora de escoger el repertorio. Canta muchas canciones que escuchaban sus padres, hace constantes referencias al paso del tiempo y a su condición de abuela. Los conciertos me han tocado más de lo que creo, porque, aunque ya no hay taquicardias —«Hijo, que ya tienes pelos en los huevos», me diría mi padre—, ahí todavía sigue algo que me conecta con ese adolescente que vivía las emociones con tantísima intensidad. Miro vuelos para verla el siguiente sábado en Costa Rica. Imposible. No hay vuelos directos y no llegaría al concierto. Habría ido. Qué chutes de alegría te dan todas aquellas cosas que te han hecho feliz durante tu adolescencia.

Vuelvo a casa con una sonrisa. Qué bien me ha sentado el viaje. Ha sido como volver atrás y comprobar que todo está en orden, que durante la primerísima parte de mi vida no hay ningún nudo emocional por resolver. Ahora, fíjate qué fácil, solo queda seguir. Pobre Paloma. Si le intento contar todo esto en un camerino después de un concierto, se vuelve tarumba. Por eso decidí no ir a verla, para no marearla con mis movidas mentales. Son tantas las emociones acumuladas que la última noche, antes de volver a Madrid, sueño un montón de cosas. Con orgías también.

En una de estas, me despierto tan alterado que me tengo que hacer una paja. Cristina duerme en la cama de al lado. Me la hago con discreción, levantando la sábana para que no la despierten movimientos extraños. Cincuenta y un años y haciéndome pajas a escondidas. ¿No voy a volver más rejuvenecido? Esto en el camerino se lo hubiese obviado a Paloma. Siento que es más elegante si lo lee. Todo adquiere otro vuelo, otra prestancia, cuando queda plasmado en un libro.

Sí, soy todo un disparate.

Qué tontería más tonta y más placentera tengo. Siento la misma felicidad que sentí aquella vez que desayuné en Figueres después de haberla visto por primera vez en directo.

Y qué bien sienta largarse fuera de Madrid de vez en cuando. Oxigenarse. Cambiar de aires. Tomar perspectiva. Liberarse de la crispación que impera en el país y, sobre todo, en la capital.

Es regresar, ponerte a leer la prensa y volver a caérsete el alma a los pies. Resulta que las autoridades de la ciudad, leo, no han acudido al acto en el que se nombra Hija Predilecta a Almudena Grandes. No fueron tampoco al entierro, algunos porque estaban inaugurando un belén y otros porque estaban dando saltitos en un parque. Acudiendo al acto en el que se nombraba Hija Predilecta a Almudena hubieran enmendado el tremendo error cometido el día del entierro. Pero no, han decidido no bajar la guardia y mantenerse en su cerrilidad. No es ni siquiera vergonzoso. Es inmoral. Con el tiempo, y gracias a una broma que le hicieron unos humoristas rusos, descubrimos que el alcalde casi presumía de no haberse leído ni uno solo de sus libros.

Con lo a gusto que estaba yo fuera, y al final me voy a tener que liar la manta a la cabeza y hablar también de lo de dentro. En algún momento tenía que tocar. Al final, y eso que yo no quería, me van a hacer hablar de Madrid.

Escribir me revuelve. Llevo dos noches soñando con mi padre. Tanto en una noche como en la otra sé que está enfermo y que se va a morir. Con la diferencia de que en la segunda es consciente de situaciones que se producen en mi vida de las que no me siento especialmente orgulloso. Son situaciones que me producen placer, pero también dolor. En el sueño prima mi egoísmo y, en vez de cortar, acomodo la escena para que pueda producirse esa situación con el conocimiento de mi padre, pero entiendo que no con su consentimiento. ¿Aceptación, quizás? Tiene que ver con mi homosexualidad y mis fantasías.

En esta ocasión no me riñe. Ya me he enfrentado a él chillándole e incluso amenazando con pegarle porque pretende enseñarme a conducir con un coche con marchas cuando yo solo me manejo con automático. En el sueño ya soy mayor, tengo la edad de ahora, y me enfrento a él como un energúmeno.

Me he despertado inquieto y, a pesar de todas las prohibiciones, he vuelto a masturbarme. Solo para sosegarme. El orgasmo no pasará a la posteridad, no nos engañemos. Creo que los antidepresivos tienen la culpa.

Justo estoy confesándole estas preocupaciones a Belén Ro, y me dice:

—Pero tu psicóloga sabe que no le vas a hacer ni caso en ese tema, ¿no?

—Pues supongo...

—Ella te dicta las normas y tú asientes como si las fueras a seguir, que lo sé yo.

—Más o menos —admito.

—Pues qué moral tiene tu psicóloga.

—Bastante.

—Ya... —Me mira fijamente—. ¿Y le vas a contar que te has hecho una paja?

—Sí, pero le diré que no me he puesto porno.

—Ah. Vas mejorando entonces.

6

Rojos y maricones

Sucedió una de las tardes de la pandemia. Estábamos hablando de no sé qué historia y Antonio Montero sacó el nombre de Pablo Iglesias —entonces vicepresidente del Gobierno— sin venir a cuento. Yo pregunté que qué pintaba en la conversación Pablo Iglesias, y a partir de ahí no sé cómo acabé pronunciando la ya mítica frase:

—¡Este programa es de rojos y maricones!

Yo creo que, de toda mi carrera televisiva, es la frase de la que me siento más orgulloso. Y eso que no me expresé correctamente, porque lo que yo quería decir es que el programa estaba *hecho* por rojos y maricones, no que estuviera *dirigido a* rojos y maricones. Pero claro, ponte tú a expresarte correctamente en un momento en el que estás exaltado.

Yo es que cuando me exalto me aturullo. Y cuando me dirijo a cámara y quiero ponerme trascendente, rara vez me sale el discurso de corrido. Me está bien empleado por querer ser un líder de opinión y no un teleñeco, que es en lo que nos convertimos las personas que llevamos muchos años saliendo en televisión. No hay más que ver cómo se nos marcan los surcos en las caras, parecemos marionetas de cartón. Ajados muñecos de José Luis Moreno. Cuantos más años llevas, más se te marcan, y entonces tienes que recurrir con mayor frecuencia al ácido hialurónico para intentar parecerte a una persona de esas que no salen por la tele.

Yo los labios me los pongo por coquetería. No tengo labio superior, y mi doctora me lo pincha de vez en cuando y me deja una boca muy mona. Y me estrecha la nariz y me la deja un poco respingona —todo se cae con los años— con bótox. Nunca digo el nombre de mi doctora porque tiene una lista de espera interminable, aunque también es verdad que, si le lloro, siempre me hace hueco. Ahora estoy pensando en hacerme algo en el pene. Me ha dicho que en la clínica tienen un tratamiento para darle grosor y me lo estoy pensando, porque nunca viene mal un poco más de contundencia ahí debajo. Durante muchos años he tenido complejo con el tamaño de mi pene. Luego, conforme he ido conociendo más, me he dado cuenta de que es normal y que hasta considero bonito. Los de los que vienen con rabos grandes son las nuevas generaciones. Debe ser cosa de la alimentación. Tiene que proporcionarte mucha estabilidad mental tener un miembro grande, pero a mí los que la tienen grande y presumen de ello me aburren mucho. Que los hay, ¿eh? Me he topado con varios y no te piden otra cosa que adoración. Un rollo. Sin embargo, los que la tienen grande y no presumen de ella son hasta tímidos, van por la vida como pidiendo perdón por haber recibido ese don. Así quiero yo uno.

A lo que iba. Que se lio muchísimo con lo de «rojos y maricones», y a día de hoy recuerdo el momento y no puedo evitar sonreír. En un barrio de Madrid hasta colgaron una pancarta que decía: «Somos la resistencia. Rojos y maricones». Me pareció emocionante. Hay gente, sin embargo, que pensó que aquello era una afrenta. Para mí fue una salida de pata de banco muy divertida y una necesaria declaración de intenciones, muy propia de esos tiempos tan convulsos que estábamos viviendo.

Cuando yo era pequeño, la palabra *rojo* solo se utilizaba para referirse al bando perdedor de la guerra. Que yo supiera, ya no quedaban rojos, se habían muerto todos. O casi todos, porque de toda la gente que yo conocía, de ninguna podría decir a ciencia cierta que fuera roja, que además era una cosa muy fea. Los que quedaran estarían muy escondidos. Los rojos eran cosa del pasado. Pobres, resentidos, malas personas y muy poco de fiar. A mí me daban hasta miedo porque no creían en nada, y eso que mi casa tampoco es que fuera un modélico hogar católico.

¿De dónde sacaba yo esas ideas? Pues tampoco lo tengo muy claro, porque en mi familia no se hablaba de política.

Y no se hablaba de política porque no convenía. Y ¿por qué no convenía? Pues porque no y no había más que hablar.

En mi familia no se hablaba de política. Y no se hablaba de política porque no convenía.

Yo no recuerdo haber escuchado a mi padre hablar de política con mi madre. Ni con mis hermanas, que estaban a sus cosas. Pero sí que recuerdo por curiosidad, a alguien le pregunté una vez que a quién votaba mi padre y no tengo muy claro si me dijo que a Suárez o que el voto era secreto. Es que ni me atrevía a hacerle directamente a él la pregunta, me parecía una osadía. Mi padre era un hombre de centro. Votaría por Suárez en su momento, luego por Felipe González, nunca por José María Aznar y siempre por Jordi Pujol, al que consideraba un hombre de Estado.

Me acuerdo de que a su hermana la llamaba «la progre» porque iba al teatro y leía a Elias Canetti. Y decía lo de *progre* con segundas, como no tomándosela en serio. Ahora también se utiliza lo de progre, pero de una manera muy peyorativa. No es por nada, pero mi padre era mucho más moderno que los que la emplean ahora. Es más: si viera qué tipo de gente la está utilizando, la eliminaría directamente de su vocabulario para no tener nada que ver con ellos. Le recordaría a una época de este país que le producía el más absoluto rechazo.

Mi padre era, por encima de todo, antifranquista. De corazón y no de militancia, porque pertenecía a esa generación en la que en la mayoría de las casas no se hablaba de la guerra civil. En la mía, nada. He llamado a mi madre, que nació en el treinta y nueve, para preguntarle que en qué bando luchó su padre y no lo tenía muy claro. Cree que en el republicano. Que le mataron a dos hermanos y que él pudo salvarse porque se escondió. Es lo único de lo que se acuerda de aquella época.

Mi tía Mari Carmen ha estado siempre de acuerdo conmigo en que en la familia poco se habló de la guerra. Y claro, dispuesta a ponerle remedio, me cuenta todo lo que recuerda.

—¿Pero el yayo combatió?

—Sí, sí, claro que combatió. Lo que no tengo muy claro es que lo hiciera en la batalla del Ebro. Pero el yayo era apolítico, le tocó con los republicanos y ahí estuvo. Me acuerdo de que me contaba que, cuando no estaban luchando, iban a la línea divisoria y jugaban a las cartas con los del bando nacional. Tienes que verte la película *La vaquilla,* la guerra tuvo cosas muy absurdas. Intentó pasarse a Francia, pero lo pillaron y acabó en un campo de concentración. Lo sacaron cuando consiguió unos avales. La yaya ya lo daba por muerto, tu padre ya había nacido. Y un día estaba en la calle y vio que llegaba un hombre totalmente destrozado. Hasta que no estuvo bien cerca no se dio cuenta de que era el yayo.

Mi abuela paterna, Ana María, era una mujer a la que recuerdo con una gran carga de tristeza encima. Tuvo incluso depresiones, creo. Mi padre se parecía a ella en el carácter y yo toda mi vida he luchado por no parecerme a ninguno de los dos. Pero a veces me he sentido más cerca de ellos de lo que me gustaría.

Mi abuela paterna, Ana María, era una mujer a la que recuerdo con una gran carga de tristeza encima. Tuvo incluso depresiones, creo. Mi padre se parecía a ella en el carácter y yo toda mi vida he luchado por no parecerme a ninguno de los dos.

—La yaya fue la gran incomprendida de la familia. Su hermana Josefina fue con la cartilla de racionamiento a por azúcar y la mató una bomba de Franco en la esquina de donde vive ahora tu madre. Cuando su padre, tu bisabuelo, vio a su hija muerta cubierta con una manta, enloqueció.

»Fíjate la de años que hace, quizás ya padecía una enfermedad mental y el hecho de perder a su hija propició que se manifestara de una manera más clara. Pero por aquella época no se abundaba en esas historias. Se convirtió en un hombre peligroso. Vivía con tus yayos y la tomó con tu padre, que era un bebé. Por las noches, cerraban la puerta con pestillo por miedo a que le hiciera algo. La situación era tan complicada que la yaya intentó internarlo en un manicomio, pero le dijeron que, hasta que no hubiera sangre, no podían hacer nada.

»Un día, tu bisabuelo se puso más violento de lo normal con la yaya. Estaban en la casa y ella consiguió escaparse, no sin sufrir varios arañazos. Cuando pudo salir a la calle, alguien del régimen la vio y la rescató. «No te preocupes. Ya ha habido sangre. Llamamos para que lo internen.» La única preocupación de la yaya era que no le pusieran la camisa de fuerza. Al llegar los del manicomio, hablaron con él para tranquilizarle. Le hicieron identificarse y le preguntaron si había denunciado a Jorge Vázquez García por rojo. Él asintió y le dijeron que se lo llevaban a la comisaría para ratificar la denuncia. Era mentira, claro. Se lo llevaron al manicomio. Pero lo que era verdad es que había ido a denunciar varias veces a tu padre, que por aquel entonces era un bebé, por rojo.

No le pusieron la camisa de fuerza porque, como la Blanche DuBois de *Un tranvía llamado deseo,* parece ser que, pese a todo, mi bisabuelo siempre creyó en la bondad de los desconocidos.

Nunca le pregunté a mi abuela por su familia. Ella jamás me habló de aquel episodio, debió dejarla muy traumatizada.

—En casa nunca cortaba el pan —continuó mi tía—, porque durante la guerra lo pasó tan mal que luego siempre que lo hacía se quedaba con los trozos más grandes. Y en una ocasión le reprendieron por ello y nunca más lo volvió a cortar. Un día llegué yo de trabajar y conté que estaban los de los sindicatos meneando el cotarro en el trabajo. Que los de la CNT estaban intentando que me afiliara. El yayo no debía tener muy buen recuerdo de ellos, porque me dijo: «Si tú vienes con un carné de la CNT, el carné, la perra —que se llamaba Iris— y tú dormís en la *posá* La Estrella. A lo sumo, de la UGT».

En lo que respecta a toda esta época, hay una historia bien curiosa en mi familia. Fernando, uno de los hermanos de mi abuela, fue uno de los pertenecientes a la quinta del Biberón. Llegado el momento, él sí que pudo pasar a Francia. Ahí lo pilló la Segunda Guerra Mundial y formó parte de la resistencia. Luchó en la batalla de Glières y, aunque la perdieron, significó, según he podido leer ahora, una victoria moral para los aliados. Republicano convencido, era un hombre muy respetado e incluso el Gobierno francés le impuso una condecoración. Cuando acabó la Segunda Guerra Mundial le propusieron ir a Indochina, creo recordar. Pero él vino a decir que con dos guerras, siendo tan joven, ya había tenido bastante. Se quedó en Thorens-Glières ejerciendo de barbero y todavía hoy recuerdo que una tarde, saliendo a pasear por un bosque que había enfrente de su casa, nos dijo a mi madre y a mí:

—Aquí matamos a una vecina que colaboraba con los nazis. De dos tiros.

Recuerdo la escena como si fuera hoy, y eso que hará unos cuarenta años. Me impactó mucho. Él sí que hablaba de la guerra, pero de la que ganó. Supongo que al dolor de perder la guerra civil se unía el hecho de haber tenido que abandonar su país tan joven. Volvió a reencontrarse con su familia española gracias a mi padre. Una vez que en España se proclamó la amnistía, le escribió a una dirección que guardaba mi abuela, y mi padre siempre me ha contado que el reencuentro en La Jonquera, tantos años después, fue muy emocionante. Mi madre estaba presente, ese día sí que lo recuerda bien:

—Allí lloró todo el mundo. Fue un día precioso. Luego el tío Fernando nos contó que su suegro no le daba las cartas que se le enviaban desde España por miedo a que le pudiera pasar algo. Era una época peligrosa: fíjate que su mujer, la tía Joanna, dormía con una pistola debajo de la almohada. Menos mal que con los años a tu padre le dio por escribir, porque a lo mejor no los hubiéramos vuelto a ver.

Mi tío Fernando y mi tía Joanna formaban un matrimonio envidiable. Los dos siempre sonriendo, ella hablando con mi madre con toda la tranquilidad del mundo sin saber mi madre ni una gota de francés y la tía Joanna ni una gota de español. Se entendían a la perfección, no sé cómo lo hacían. La familia francesa y la española siguen viéndose cada año y recuerdan con muchísimo cariño tantos veranos juntos. ¿Os podéis creer que me estoy emocionando escribiendo todo esto? El pasado siempre vuelve para ponerte una lágrima a punto.

Lo que decía, que en mi casa no se hablaba de política, que nadie corrió delante de los grises ni militó de manera activa contra el franquismo. La idea de que para mí los rojos no eran de fiar tendría que ver con la dictadura, que supo adoctrinar —¡ay, el dichoso verbo!— con gran habilidad durante los cuarenta años que duró. El lado bueno de la sociedad estaba formado por los empresarios y la gente de posibles, mientras que los pobres lo eran por malos. Por no haber elegido bien durante la guerra civil. Y esos pobres y malos a veces tenían suerte y se reconvertían en buenos y un poco menos pobres porque un corazón caritativo se había apiadado de ellos y les había sacado del pozo, pero a medias. No del todo. Porque entonces todos seríamos iguales y eso sería comunismo. Y el comunismo es el demonio.

Como bien dijo una vez Samira, concursante de *realities* de Telecinco, «la gente te quiere ver bien, pero no mejor que ellos». Todo este ideario tan barato que funcionó a la perfección durante cuarenta años sigue funcionando con la misma precisión en la actualidad. Lo que sucede es que, cuando lo escuchas a mi edad, te produce tanto sonrojo que no entiendes que alguien se atreva a utilizarlo o, peor aún, que alguien se lo acabe creyendo.

En Madrid, por desgracia, se le ha sabido sacar mucho partido desde hace un tiempo. Últimamente todo lo que no conviene es comunismo, que es algo que a mí me parece de un antiguo tremendo, como pasado de moda. Pero, oye, hay gente que ha comprado el discurso, así que se lo sigue aderezando con más artificios para que no quede hueco y huela a pescado congelado: un día ETA, otro, Venezuela, y así. Manipulación, se llama. Por decirlo de manera fina.

Pero fíjate tú cómo es la cosa. Gracias a la presidenta, existe en Madrid una élite que vivimos de puta madre, cierto tufillo a corrupción —con el que no tengo nada que ver— y una desigualdad cada vez mayor. Paradojas de la vida: Madrid se está convirtiendo en la Nueva Venezuela. La presidenta cree que la alaban porque la adoran. No. La adulan para ver si, con un poco de suerte, cae alguna contratación a dedo.

Desde la derecha se relaciona a la izquierda de una manera obscenamente frívola con la droga: porritos y esas cosas. Porque claro, para ellos el alcohol no es una droga, sino una de las más firmes señas de identidad de nuestra nación. Está bien visto el pasarse de vinos y copazos porque está muy relacionado con oscuros contratos firmados en no menos oscuros reservados de marisquerías. Por no hablar de los toros, que nos los quieren vender como un símbolo —otro— de libertad e incluso de modernidad. No sé. Da la sensación de que se suspira por el Madrid de *Las chicas de la Cruz Roja,* y lo que me maravilla es que a los madrileños parece no disgustarles esa vuelta a lo... *vintage.*

La gente ha votado en masa a la presidenta y ante eso poco hay que añadir. Creo que los que más me pican son los votos de los maricas. No se puede ser marica y de derechas. Como bien dice Abel Arana: «Es como ser Beyoncé y apuntarte al Ku Klux Klan». Nunca intentaría pertenecer a un grupo que me rechaza. Me parece un sindiós. Yo es que les quitaría el carné de maricas a los que votan a las derechas. No es cuestión de exigirnos comportamientos heroicos. Es algo tan sencillo como comprometerse con uno mismo en algo tan básico como tu identidad sexual. No hacerlo me parece simple y llanamente uno de los mayores fracasos a los que puede enfrentarse un ser humano.

No engaño a nadie: me he posicionado políticamente en *Sálvame*. Soy de izquierdas. Ahora evitamos hablar de política por temor a que se nos vaya de las manos, pero a mí me gustaría que, cuando la actualidad lo requiere, pudiéramos manifestarnos con tranquilidad, respetando las ideas del otro.

Pero eso no es posible porque los partidos políticos han contribuido a la polarización de la sociedad. Les conviene para tener amarrados a sus votantes y hemos caído en su juego. No hay charla política que acabe sin bronca. Con Belén Esteban mantuve una monumental

Los partidos políticos han contribuido a la polarización de la sociedad. Les conviene para tener amarrados a sus votantes y hemos caído en su juego. No hay charla política que acabe sin bronca.

durante la pandemia que tuvo una repercusión espectacular. Yo he aprendido a aislarme cuando sé que en el plató la he liado porque, si no, es para volverse loco. Pero esa vez me enteré de que habían hablado de nosotros en periódicos, principales programas de radio y cualquier medio de comunicación habido y por haber.

Yo de la bronca, que no sé si fue un viernes o un sábado, solo recuerdo que en un momento dado me vi chillando como un energúmeno al tiempo que pensaba: «Pero ¿por qué chillas tanto si tienes a Belén al lado?». Mientras me hacía la pregunta, me reía interiormente por lo ridículo de la situación. No llamé a Belén durante el fin de semana. Ella, por su parte, les comunicó a los jefes su decisión de no acudir más al programa. «Volverá», les respondía yo. Ellos no lo tenían nada claro. Yo sí. La conozco como si la hubiera parido. Los partidarios de Belén aprovecharon para darme de hostias y a la inversa. Y yo, impasible como diplomático inglés de la época colonial. Sabía que esa bronca tampoco nos iba a separar. Como así fue.

A mí se me ocurrió que organizásemos en el programa una cumbre de la paz y los jefes recogieron el guante. Aparecí ataviado con un traje negro de Zara con cuello mao, parecía todo un dictador comunista, y con un san Judas Tadeo muy grande que me regaló Belén cuando me recuperé del ictus. A ella le molestó que apareciera con el santo, pero yo lo hice en son de paz, no me gusta jugar con esas cosas. Al final los dos nos reconciliamos —al menos aparentemente—, luego ganamos el mortero de oro del programa de cocina *La última cena* —ella se llevó a su casa el premio, que era horroroso— y de vez en cuando me echa en cara que no la apoyara en *Gran Hermano VIP* y lo de la bronca. Pero pasan los años y nos seguimos queriendo.

Si llego a alguna conclusión es a la de que Madrid no se merece que la representen personajes tan mediocres. Pero ahí están, haciendo apología de la nada y con mucha gente aplaudiendo.

En el verano en el que le diagnosticaron el cáncer a Mila, nos fuimos a pasar cuatro días en un barco. Las redes ardieron: que cómo una persona de izquierdas podía disfrutar del verano en alta mar. Otros, por suerte, replicaron que por qué tenía que dar cuentas de en qué me gastaba el dinero.

Cuando llega el verano, normalmente suelo irme fuera de España para desconectar, pero como estábamos en plena pandemia, me dije: «No. Este año toca quedarse aquí y gastar aquí». Pagué mi factura con su IVA y todo —vamos, lo que hacemos casi todos— y luego me dieron hasta en el cielo del paladar. Yo, que pensaba que había actuado como un patriota, quedé para mucha gente como un desclasado. Con todo el jaleo que se formó, empezaron a asaltarme una serie de dudas: ¿dónde se supone que deben veranear los de izquierdas? Es más: ¿puede tener vacaciones la gente de izquierdas? ¿Pueden aspirar a subirse a un yate o deben conformarse con una barca de pedales?

> **Con todo el jaleo que se formó, empezaron a asaltarme una serie de dudas: ¿dónde se supone que deben veranear los de izquierdas? Es más: ¿puede tener vacaciones la gente de izquierdas?**

Pues Mila, si eso se lio con unas vacaciones, ya verás cuando se enteren de que me he comprado la casa de al lado. Como parte de tus cenizas están debajo del magnolio, sé que estás haciendo todo lo posible para que no me vaya de esta casa, y eso que había valorado seriamente la posibilidad de mudarme de ciudad por no escuchar a la presidenta. Te lo juro. Pero algún día ella también pasará y tú seguirás haciéndome compañía.

Una vez, siendo todavía pareja, estábamos P. y yo en casa y le dije: «¡Qué bonito sería comprar la casa de al lado, derribarla y tener un jardín inmenso para que los perros campen todavía más a sus anchas!». Fuimos a hablar con la vecina y nos dijo que la casa no estaba en venta.

—Si un día decide venderla, nos lo hace saber, por favor.

Pasó el tiempo y recibimos la llamada de uno, de sus familiares. Total, que en muy poco tiempo llegamos a un acuerdo y decidimos comprarla. Digo «decidimos» a pesar de que P. y yo estábamos —y seguimos estando— separados, pero, para muchas cosas, parece que lo hacemos todo juntos. Con la cosa de que si ahora recibo un mensaje y está él delante me da vergüenza que sea de un maromo. En fin, que no sé para qué nos hemos separado, la verdad. Porque hacemos todo lo que hacen las parejas menos follar. Vamos, que somos una pareja en toda regla, quiero decir. El caso es que P. fue a ver la casa y al volver me dijo:

—Jorge, lo que se ve desde tu casa es un añadido que hicieron para las dos hijas, pero la planta baja es una maravilla. Tienes que verla. Una auténtica maravilla. Muy Mies van der Rohe.

Quedamos con un arquitecto y, nada más entrar, pronunció el veredicto:

—Esta casa está diseñada por Corrales.

Yo asentí como indicando aprobación con un leve gesto de esos académicos, aunque no tenía ni idea de lo que estaba diciendo el arquitecto. Pero a la señora, que llevaba viviendo sesenta y siete años en ella, se le iluminaron los ojos. La casa tiene una historia preciosa y a ella le debía parecer una auténtica locura que se demoliera. Al conocerla, la entendimos perfectamente.

Corrales fue, según escribió Rafael Moneo en el obituario que le dedicó en *El País,* «una de las figuras clave para entender lo que fue la arquitectura española en la segunda mitad del siglo XX». En 1958 diseñó junto a Molezún el Pabellón de España en Bruselas, que, según Moneo, «era toda una bocanada de aire fresco en un todavía enrarecido ambiente arquitectónico». Y remata así su obituario: «Para él, la estética de la modernidad implicaba toda una ética. Para él, la arquitectura moderna era la expresión de un modo de vida más justo, más acorde con sus convicciones, con su modo de entender la sociedad». Precioso, ¿verdad? Por cierto, una de estas casualidades que a mí me pasan: ¿sabes que Corrales murió un 25 de julio, justo el día de mi cumpleaños?

El arquitecto nos dijo que con él no contásemos para echarla abajo y la señora se puso muy contenta cuando se enteró de que no la íbamos a derribar. Así que ahora este Jorge Javier de San Roque se va a juntar con dos casas en una de las mejores urbanizaciones de la capital. Nos hace ilusión restaurar la recién adquirida, jugar con ella, darle vida. Yo sé que al final acabaré viviendo ahí, pero confío en que se nos ocurra algo para hacer en la que vivo ahora, porque no me siento capaz de irme y dejarte sola, Mila.

Ya sabes que a veces hablo contigo y te digo: «Porque te conozco y sé que tú no das puntada sin hilo. Habla con mi padre, anda, a ver qué se os ocurre. Y me lo hacéis saber. Tenéis tiempo».

Soy rojo y maricón. Lo de maricón resulta indiscutible para el común de la población. Lo de rojo son muchos los que lo ponen en entredicho porque vivo en una buena casa, tengo servicio y me gusta muchísimo viajar, pero en muy buen plan, ¿eh? Nada de mochilero.

Pago religiosamente mis impuestos y no tengo cuentas en paraísos fiscales, pero no sé qué le pasa a este país que hay mucha gente que considera que tener cuentas en Suiza es algo muy elegante. Lo creen muchos que se dicen patriotas. Pues yo tengo todo mi dinero aquí y no he pensado nunca llevármelo fuera. Y me ha costado entenderlo, pero ahora ya no sufro los parraques que sufría a la hora de pagar impuestos. Los que más dinero tenemos más debemos pagar.

Con el dinero pasa una cosa perversa: que cuando empiezas a ganar, nunca te parece suficiente. Y a algunos, cuanto más tienen, más rabia les da que les quiten para fomentar una sociedad en la que las desigualdades sean cada vez menores. No se puede ser feliz cuando se ve a tanta gente pasándolas canutas para llegar a fin de mes. Cuando me preguntan qué significa ser de izquierdas, me falta base teórica para contestar como a mí me gustaría. Lo único que se me ocurre decir es: «Para mí, ser de izquierdas significa pensar radicalmente distinto a todos aquellos tertulianos de derechas que aparecen en televisión». Tertulianos, por cierto, a los que distinguirás por su discurso catastrofista y su amplio conocimiento en todo. *Todólogos*, se llaman.

Son *todólogos* de la nada porque no tienen ni puta idea de cómo está realmente la sociedad. Es imposible que sepan lo que sucede en la calle si se tiran desde la mañana hasta la noche de tertulia en tertulia. Fines de semana incluidos. Viven en taxis o en coches de producción. Jamás veo una tertulia política porque sé cómo acaba la cosa: yo cabreado conmigo mismo por haber vuelto a morder el anzuelo con un espectáculo tan previsible. *Todólogos* de derechas contra periodistas de izquierdas que intentan sofocar los bulos y argumentos tramposos de la ultraderecha. Prefiero el entretenimiento de Mediaset. Somos mucho más honestos con el producto que ofrecemos, no engañamos a nadie. Las tertulias se han convertido en el charco perfecto para que la ultraderecha chapotee a sus anchas. Ni más más ni más menos, que diría Belén Esteban. Solo atisbo salvación para ellas si echan inmediatamente al que se atreva a soltar un bulo. Pero creo que entonces se encontrarían con un grave problema: tendrían que chaparlas, porque la mayoría de *todólogos* de ultraderecha no le dicen la verdad ni al médico.

Ha pasado un año, Mila

Mila, ¿sabes que una vez Silvia, la psicóloga, me hizo dibujar una casa y un rosal? Me costó meses hacerlo, pero yo, que al final soy muy aplicadito, me compré unas cartulinas bien grandes y unos lápices de colores. Le dibujé lo que me pidió y extrajo sus conclusiones:

—Jorge, has dibujado una casa sin ventanas. Resulta imposible acceder a ti. Sin embargo, la puerta es inmensa, tienes necesidad de que te conozcan. Y el rosal, ¿te das cuenta de que no tiene raíces?

Esto y otras cosas más me dijo, Mila. Sé que ya es hora de que empiece a abrir mis ventanas, pero antes tendré que construirlas. Y eso sí que no sé cómo hacerlo.

Silvia está muy contenta con lo de la casa. Le he contado la historia y ella, como es tan novelera, me ha dicho:

—Es como haberte encontrado por sorpresa un Velázquez en pleno Madrid.

Y yo he asentido muy ufano.

A ver, Mila. Yo estaba convencido de que, cuando te fueras, me ibas a tener como a un rey, pero nada que ver. Me has dado un año que para mí se queda, guapa.

He tenido de todo y por su orden, aunque también es verdad que desde que te comunicaste con mi amiga Gloria, mi universo se ha vuelto a ordenar y todo vuelve a tener un poco más de sentido. Sí, no te encabrones, todavía me falta esa chispa que me aportabas tú. Sé que te pones como una mona cuando piensas que ya no se te echa de menos. Pero ahora que ya estás acomodada en tu nuevo espacio —al menos así lo siento yo—, estoy seguro de que me vas a ayudar a seguir con alegría. Porque, como dice mi amigo Ismael de Maspalomas cuando me ve algo mustio, «Dios nos quiere contentas».

El día después de tu partida te organizamos un programa precioso, habrías estado muy orgullosa de nosotros. Hicimos un repaso a toda tu trayectoria y hasta Alba entró por teléfono para darnos las gracias por cómo habíamos gestionado todo. Tu Alba es maravillosa, ya lo sabes. Una de las razones por las que te fuiste en paz era ella. Es una mujer excepcional. Estabas muy orgullosa de su vida y no es para menos. A lo que iba. El programa. Lo acabamos en la azotea de uno de los edificios de Mediaset con Juan Peña cantando *A mi manera* y con Belén Esteban, Kiko Hernández y yo mismo lanzando al cielo cuatro globos con las letras que componen tu nombre. Fue muy emotivo porque ya en el cielo pudimos leer «MILA», y todos los compañeros que estábamos en ese momento en la azotea nos quedamos embobados, inmóviles. Supongo que incapaces de creer lo que estaba sucediendo. Recuerdo que algunos días después, en la sala de maquillaje y peluquería, se me acercó Miguel y me dijo:

—Jorge, qué bonito lo de los globos. Íbamos Rosa —Almodóvar— y yo por la calle y cuando vimos que en el cielo se juntaron de tal manera que ponían «MILA» empezamos a llorar. ¡Era como si no se quisiera ir!

Dudé unos momentos, pero no pude evitar callarme:

—Miguel, siento romperte el misterio, pero es que había unos señores que manejaban los globos con unos hilos.

Y todos los que estábamos en la sala —Miguel incluido— nos pusimos a reír como descosidos. Fíjate cómo es Miguel que, cuando va a ver a su madre al cementerio, le deja un cigarrillo encima de la tumba para que se lo fume. Este tipo de detalles me rompen este corazón mío que últimamente está un poco raspa.

Mila, en maquillaje y peluquería te echan mucho de menos. Los rebotes que te cogías y cómo llamabas «delincuentes capilares» a las peluqueras cuando te hacían un peinado que no te gustaba. «Basta ya de laca, qué manía con la laca», gritabas cada dos por tres.

Cuando te fuiste me quedé en paz. Terminaba un camino en el que me pregunto si te acompañé lo suficiente. Creo que no. Vivíamos en pandemia y teníamos que andar con mucho cuidado con los contagios, y más en tu caso, que estabas con quimios y con el sistema inmunitario por los suelos. Y sobre todo es que no soportaba ver cómo en algún momento te quejabas. Y eso que te quejabas poco. Pero tú, precisamente tú, no podías hacerlo. Me cabreaba porque era un síntoma de debilidad y yo te quería fuerte. Cada una de tus quejas era una concesión a la enfermedad y yo no quería darle al cáncer ni una mísera oportunidad de que te jodiera la vida.

Estábamos en un barco, en el que sería el último verano de tu vida.

—Jorge, ¿me voy a morir?

—Claro que sí. Como yo.

—No juegues al despiste, que es lo que haces siempre cuando quieres evitar algún tema. ¿Me voy a morir?

—De esto, no.

Te lo dije convencido, te lo juro. No solo porque lo creía, sino porque necesitaba creerlo.

Cuando hablábamos, no parecías muy dispuesta a recibir visitas porque preferías descansar. Pero yo no era una visita. No tendría que haberte hecho caso. Cuando dejaste de ir a *Sálvame* quedamos a almorzar en tres ocasiones. Una vez con Cristina y P., y estuvimos planeando el verano. Yo propuse alquilar una villa en la playa y te encantó la idea. Pero el verano no llegó para ti. Tampoco para los que te queríamos. Llegó la temporada del calor, pero no el verano. Porque el verano es otra cosa: diversión, risas, desparrame. A otra quedada se añadieron Alberto Maeso y tu hermana Nani. Chica, yo te seguía viendo bien. Luchando. Pero ya en la tercera, el panorama era más desalentador. Apareciste con un parche en un ojo y te acababan de comunicar que el cáncer había llegado al cerebro. Quedamos con Pablo —tu estilista— y Belén Rodríguez. Hasta ese momento estabas convencida de que te salvabas, pero a partir de ahí algo cambió. No sé cómo, pero todavía conseguimos reírnos en esa comida. Y antes de irte dijiste que tenías que hablar con Óscar y Adrián, productores de *Sálvame,* para ver si te apañaban algo en la tele, porque llevabas mucho tiempo sin facturar. Y también que hablarías con Luis Pliego, director de *Lecturas,* para un reportaje.

—Pues claro, Mila. Pues claro.

Te animamos y abandonaste el restaurante con la idea de seguir batallando un poco más, aunque ya estuvieras muy cansada. Yo te animé porque estaba convencido de que ibas a seguir viva. Qué ciegos estamos cuando no queremos ver. Poco podía imaginar en aquel momento que nuestro próximo encuentro —y último— sería para abrazarnos por última vez

Con motivo de tu cumpleaños, te escribí en mi blog una carta empujándote a seguir, aunque por mucho que me engañara ya sabía yo que tenía sabor a despedida. Se titulaba *Todo es mucho menos si tú no estás:*

> El viernes fue tu cumpleaños, una excusa como otra cualquiera para hablar de ti. Pero en realidad no tengo que justificarme para escribir sobre ti, menuda tontería. ¿Por qué hacerlo si eres, desde hace muchos años, una de las personas más importantes de mi vida?
>
> Te conozco desde pequeño, cuando salías en las revistas como Mila Santana. Me parecías una mujer mona, sin más. Pero,

claro, tampoco vas a pedir honduras psicológicas a un crío de diez años. El caso es que no me producías excesivo interés, para qué nos vamos a engañar. Luego te perdí la pista y empecé a tener relación contigo gracias a que Raúl Prieto te rescatara para *Aquí hay tomate,* liberándote de un ostracismo vital y profesional tan largo como injusto. Pero cuando nos empezamos a hacer amigos fue en *Sálvame,* ese programa que comenzó como una reunión de desempleados y ahora somos los reyes del mambo. Para que luego me digan que la vida no tiene música.

Escribo sobre ti y sonrío porque es que me haces mucha gracia, Mila. Eres graciosa sin saberlo, que es la manera más desternillante de ser un festival del humor. A ti el vuelo de una mosca te puede echar a perder un atardecer maravilloso, pero también es verdad que tienes la suficiente inteligencia para bajarte del carro cuando adviertes que el bucle en el que te metes tú solita se te está haciendo bola. Junto a ti he pasado momentos únicos. Irrepetibles. Hemos transitado por todos los estados emocionales que puede sentir el ser humano: alegría, pena, euforia, melancolía... Y así hasta el infinito.

Creo que nos queremos tanto porque los dos somos un par de atormentaditos de tres pares de narices. Los atormentados nos reconocemos entre nosotros con un par de minutos de conversación, no nos hace falta más. Y cuando nos encontramos, nos pegamos como lapas y nos descojonamos de los consejitos de Paulo Coelho y de toda esa gente que intenta salvarnos la vida. Qué idiotas. Como si la vida tuviera remedio. Pero fíjate que ahora que escribo estas líneas sí que creo que todo esto es más soportable si en el camino encuentras a gente que vale la pena. Y tú, Mila, tienes ahora a tantísima gente pendiente de ti que fliparías. Te lo has ganado. Eres una loquita maravillosa. Nuestra loquita.

Yo te quiero mucho, pero no te lo digo porque soy muy cardo, ya lo sabes. Pero solo con gente a la que quiero tanto me apetece hacer algo. Salir a cenar, por ejemplo. Ir al teatro. Viajar. He hecho contigo viajes divertidísimos. A Lisboa, por ejemplo. Con Marisol, Antonio y P. Me acuerdo de que durante ese viaje tú te mensajeabas con Pablo Alborán y a mí me daba un poco de pelusa, cada vez que pronunciabas su nombre se te caía la baba. Y el tío va y al enterarse de que estamos en Lisboa te envía un audio cantándote un fado. Claro, cómo voy yo a competir con eso.

Me acuerdo también de lo bien que nos lo pasamos yendo a Londres a ver a Barbra Streisand. Justo hoy, viernes, día de tu cumpleaños, Cristina me ha enviado una de las fotos que nos hicimos antes del concierto. Salimos riéndonos, como siempre, y se ve una «B» al fondo. Compré unas entradas carísimas pensando que íbamos a ver a la Streisand muy cerquita y luego resulta que la tía es una carera —de cara que tiene— y la vimos como de Madrid a Quito. Así que la expedición al completo —tú, Cristina, P. y el que escribe— decidimos comernos unas hamburguesas y tomarnos unas cervezas mientras la otra cantaba sus éxitos de ayer, de hoy y de siempre. Nos dio igual, ¿te acuerdas? Pero es que todo nos da igual cuando estamos juntos porque no necesitamos a nadie para montarnos una fiesta y sacarle partido a la vida.

Con P. encontraste otra horma de tu zapato, y yo encantado, porque mira que es difícil que a tu pareja le gusten tus amigos. Yo a veces me hacía el ofendido porque os veía muy amiguitos. Si en alguna ocasión discutíamos, tú siempre te ponías de su lado, pero a mí no me molestaba. Es más: disfruto mucho viéndoos tan cómplices. P. siempre justificaba cualquiera de mis comportamientos y tú hacías que te cabreabas al ver que siempre me daba la razón, pero yo sé que lo exagerabas un poco. Nos lo hemos pasado muy bien los tres juntos y tengo ganas de que esos encuentros se repitan.

Ha sido tu cumpleaños, Mila, y solo quiero decirte que somos muchos los que estamos a tu lado. Sé que el camino está siendo complicado. Almorzamos el martes con Belén Rodríguez y con Pablo y en varias ocasiones acabamos descojonándonos de la vida, porque no nos queda otra. Reír y seguir. Seguir, seguir, seguir. Mira que yo soy poco de besar. Pues tengo ganas de darte un beso y de abrazarte. Y de pedirte que sigas. Porque necesitamos tu sonrisa y tus arranques de mala leche por motivos intrascendentes. Porque el plató de *Sálvame* te echa de menos. Porque la audiencia está deseando que todo esto pase y vuelvas a compartir la vida con ella. Y porque, Mila, todo es mucho menos si tú no estás. Así que a coger fuerzas y a galopar. ¡Ea! Ni Mila, ni Mili, ni Milo.

Sé que leíste el blog varias veces, algunas incluso con tu hija Alba. Lo colgaste en Instagram y escribiste este comentario: «Siempre consigues que me ate los cordones y baile con el miedo. Te quiero». El 26 de mayo me enviaste este mensaje: «Me has hecho llorar, pero también me has hecho pegar esas remontadas que solo tú sabes conseguir. Te quiero con locura».

Al día siguiente me envió un audio Máximo Huerta. Había leído el blog y decía que solo te conocía de coincidir contigo por los pasillos de Mediaset, pero que eras una de esas personas que le hubiera encantado tener cerca. Tu respuesta me encantó:

—No es hora de irse. Es hora de quedarse y de volver otra vez a lo que teníamos. ¡Te quiero tanto! Hoy tengo un buen día, así que ¡buenos días, mi amor! ¡Te quiero!

Te fuiste un 23 de junio y acabé la temporada televisiva sin querer prestar mucha atención a tu partida. Hablaba con Alba e intentábamos consolarnos diciendo que habías llevado una vida extraordinaria. Y nos reíamos mucho al recordar tus andadas. Aunque la pena que iba a teñir de negro nuestras vidas había iniciado su camino para encontrarse con nosotros. Y aunque no te guste saberlo, lo hacía para quedarse a vivir una larga temporada. Se ha empeñado en no largarse, como uno de esos huéspedes pesados. Yo estoy haciendo todo lo posible por echarla, pero entiendo que necesita su tiempo. Hay que darles su espacio a los duelos y no evitarlos. Solo así consiguen realizar la tarea para la que han sido encomendados y van desapareciendo poco a poco. Alba ha estado muy triste. Cuando aceptó que nunca más te iba a volver a ver, se vino abajo. Pero saldrá de esta porque la vas a ayudar. Saldrá porque vas a estar a su lado. Como siempre.

En verano acabé la tele, se paró la gira de *Desmontando a Séneca* y me vi en mi casa sin ningún plan. No tenía fuerzas ni ganas. P. se vino a hacerme compañía porque la pareja que trabaja en casa se había ido a la costa a disfrutar de sus vacaciones. Hablábamos mucho de ti y nos sentíamos unos privilegiados por haberte disfrutado. En una ocasión, me sumergí en la noche de Madrid y sobre las ocho de la mañana le envié un wasap a P. preguntándole si podía irse a su casa porque yo volvía a la cama. Se sobreentendía que acompañado. P. se fue y a su vuelta me cayó la del pulpo. La verdad es que no lo entendí porque, en el caso contrario, yo habría preferido quitarme de en medio. Pero mis amigos, cuando les conté la historia, se pusieron de lado de P. Qué le íbamos a hacer. Soy un incomprendido. Resulta tremendamente complicado tener siempre la razón. Qué difícil es ser yo.

Iban pasando los días y yo me veía encerrado en casa todo agosto. Que no estaba mal, pero luego vendría septiembre, el trabajo, de nuevo la locura. Y sabía, porque me conozco, que al final del verano me invadiría la terrible sensación de que no había aprovechado mis días de vacaciones. Así que a las cuarenta y ocho horas ya nos ves a Cristina y a mí largándonos a Corfú.

Nuestra estancia en la isla fue muy relajada. Entre sonrisas, nos acordábamos mucho de ti: «Si Mila estuviera aquí». «¡Cómo disfrutaría Mila en esta terraza!», y así. Te hubieras descojonado mucho con la pseudohistoria que viví con un muchacho brasileño jovencísimo que estaba en nuestro mismo hotel con su novio, un señor más joven que yo, pero más gordo y más calvo. Vivían en Lisboa, el joven de mantenido del novio, como me contaría luego en el agua. Coincidimos en Grindr y a partir de ahí tonteábamos como dos amantes furtivos. Mientras su novio se quedaba tomando el sol, él y yo nos veíamos en el agua y hablábamos a una distancia prudencial. Tenía un cuerpo precioso. Un culo para entrar a vivir. Hablábamos de quedar, de escaparnos a la ciudad y vernos a escondidas. De las ganas que teníamos de follar. Pero al final, nada. Una noche me lo encontré buscando a un tercero en Grindr para que se lo follara en presencia del novio y sentí como si me hubieran clavado una daga en el corazón. A lo Bécquer. Y reuní las fuerzas necesarias para no sucumbir a la pena que me había provocado una pasión que había nacido tres días atrás.

Volvimos a España e intentamos reincorporarnos a la rutina. Pero las cosas, Mila, se empezaron a torcer muy pronto. Yo entré en un estado de *shock* emocional que me impedía vivir la realidad con claridad. Es más: vivía por vivir, por inercia. Por aburrimiento incluso. Un día que mi madre estaba en casa, me dijo:

—Jorge, nunca te he visto tan triste.

Cuando una madre te dice algo así es terrible por partida doble: por el sufrimiento que advierte en ti y por el que está atravesando ella por no poder ayudarte.

Y no es que fuera tristeza propiamente dicha. Era *nada*. Encontraba distracción en llenar mi habitación con varias personas —eufemismo—, práctica que he descubierto demasiado tarde y que ciertamente tiene mucho encanto. Me lo pasaba tan bien que dejé de hacerlo. Y porque Silvia, mi psicóloga, me advirtió de que con el sexo hay que tener cuidado porque, si te metes en determinadas historias, siempre vas a querer un poquito más. Y la verdad, Mila, también tuve que plantearme parar porque estaba harto de tener que llamar cada dos por tres al pintor para que repasara las paredes. Porque después de cada festival, aparecían en ellas manos y más manos estampadas. Algo así como las caras de Bélmez, para que me entiendas.

¿Recuerdas que el techo de mi dormitorio es abuhardillado? Pues hasta ahí encontró un día P. una mano marcada. Dijo: «¡Coño! ¿Hasta aquí llegan las marcas?». Porque él tonto del todo no es y ya había visto algunas en las paredes. Yo solo pude decir algo así como «Fíjate tú», pero sin vergüenza ni nada. ¡Soy un hombre libre y puedo hacer lo que quiera!

Este tipo de frases tan grandilocuentes se me han pegado de los invitados que vienen al *Deluxe*. Esa precisamente la suelen pronunciar más las mujeres. Los hombres heterosexuales son mucho más aburridos para hablar de sentimientos. No los gais, que nos explicamos a la perfección y manejamos mejor el melodrama. Pero escuchar a un hombre heterosexual hablar de una historia de amor y emocionarte resulta algo muy complicado. Tanto como pedirle a Rosa Benito que al hablar de Rocío Jurado no llore. Han pasado ya un montón de años y la tía sigue hipando con una intensidad muy conmovedora cuando menciona a la cantante. Por algo Bob Pop, después de ver a la Benito llorar por su cuñada una de tantos millones de veces, acuñó un nuevo parentesco: el de «cuñada viuda». Así, Rosa Benito será conocida para la posteridad como la cuñada viuda de Rocío Jurado. Te voy a contar un chisme de esos que te van a entusiasmar. ¿Tú sabes que cuando la cuñada viuda trabajaba en *Ya es mediodía* le ponían en los vídeos siempre las mismas imágenes de Rocío Jurado y ella lloraba como si las viera por primera vez? Es que es toda una profesional. Yo fíjate que le tengo cariño, pero tú la tenías muy calada.

Silvia me ha ayudado mucho en toda esta época, aunque a mí no me lo pareciera.

—Tranquilo, forma parte del proceso.

Ya te lo he contado: me pidió que pasara una época sin sexo y no le hice caso. Me pidió que dejara de beber alcohol durante una temporada y tampoco la escuché. Mientras tanto, la tristeza me iba machacando cada vez más. Y un cansancio que no sabía muy bien a qué atribuirlo.

Todo empezó a mediados de octubre, cuando durante una actuación en un pueblo tuve que luchar lo indecible para sacar adelante la función. La voz no me respondía. Tanto que la canción que cerraba el espectáculo, *Dramas y comedias* en versión piano, no pude terminarla. La ataqué y estaba fuera de tono, desafinado. «Cosas que pasan», pensé. Un resfriado que no acababa de irse del todo. Se iban sucediendo los días y la voz seguía igual. Y el cansancio aumentaba. En los siguientes bolos eliminé directamente la canción porque no podía ni empezarla. Hasta que acudí a un especialista:

—Laringitis aguda. Descanso relativo de la voz. Quiero decir que no estés mudo del todo porque, si no, la recuperación será más complicada. Te doy la baja durante diez días. Si no descansas, la laringitis puede convertirse en crónica.

Eso fue un viernes. Lo que significaba tener que cancelar el *Deluxe* del sábado y un bolo en Lorca el domingo. Y toda la tele de la semana siguiente y otro bolo en Peal de Becerro.

El sábado salí a almorzar con Cristina. Con una tristeza que intenté mitigar con un par de copas de vino. Remonté un poco, lo suficiente para plantarnos en una fiesta de tarde que está muy de moda en Madrid. Locobongo, se llama. Divertidísima, te encantaría. Tenía la baja y la perspectiva de poder descansar toda una semana me envalentonó. Además, ¿cuánto hacía que entre tele y teatro no tenía un sábado libre?

Llegamos a la discoteca a las seis de la tarde y nos fuimos a las nueve de la noche. Tres horas de reloj. Me hicieron fotos y la gente se preguntó que cómo estando de baja se me veía en una discoteca de madrugada. No era de madrugada y estuve muy poco tiempo. Valoré la posibilidad de explicarme, pero veía que no me iba a servir de mucho. Cuando se genera tanto ruido a tu alrededor, lo mejor es no fomentarlo.

¿Fui torpe yendo a una fiesta? No lo sé. Las imágenes requerían una explicación más larga que un tuit y era una guerra que ya estaba perdida de antemano. No me sentía con fuerzas para explicarme. ¿Era justificada la baja? Más de lo que yo creía. El cansancio iba a más, la voz no se recuperaba pese a los medicamentos y encima el martes empezaron a salirme unas manchas en el cuerpo muy sospechosas.

«¡Ay! Que esto va a ser otra cosa», pensé.

El miércoles tuve que volver a la especialista de la voz porque el mal no remitía. A la laringitis aguda se le sumó una amigdalitis aguda. Y a todo eso, un pedazo de sífilis que me diagnosticaron en mi centro de salud dos días después. Sí, Mila, sí. Una sífilis que me estaba dejando hecho polvo, cansado permanentemente, arrastrado, sin ganas de nada. Una sífilis que venía haciendo de las suyas desde hacía meses y que se solucionó con un simple pinchazo de penicilina.

—Igual esta tarde te sube un poco la fiebre. Descansa y ya verás como en cuarenta y ocho horas estarás un poco mejor.

Cuando se lo conté a Cristina, me dijo:

—Gajes del oficio.

—Pues sí.

Después de pincharme, a eso del mediodía, me fui a casa y me preparé para gozar de ese subidón de la fiebre con la misma alegría que un estudiante de primaria se salta el colegio un frío día de invierno. Pasé media tarde tragándome *Sálvame* acurrucado bajo una manta y antes de que acabara el programa me metí en la cama. Qué serían, ¿las siete? ¿Las siete y media? Algo así. Se iniciaba mi recuperación física, porque con la anímica todavía estoy en ello. Aunque voy mejor.

Se iniciaba mi recuperación física, porque con la anímica todavía estoy en ello. Aunque voy mejor.

Mila, para que nos entendamos. Suponía, como te decía al principio, que me ibas a cuidar cuando te fueras. No solo no me has cuidado, sino que me has puteado muchísimo. El último trimestre del 2021 fue para tirarlo a la basura. Silvia me decía que era normal lo que me estaba sucediendo: el duelo de un ser querido, la pandemia, que nos ha dejado a todos muy tocados, el trabajo, que se me hacía un poco monótono y encima tú ya no estabas.

Mila. Aquí quería llegar yo. Al Trabajo. Joder, te has ido. Sabíamos que eras imprescindible, pero, chica, no hace falta que nos hagas pasar por lo que estamos pasando. Una crisis de audiencias que han provocado que desde hace meses los medios empiecen a certificar nuestra defunción. Y mira, si te quitan el programa de repente, bien. A tomar por culo. Pero las agonías resultan muy largas y muy pesadas. Sobre todo, cuando luego te recuperas, que es lo que parece que está sucediendo con el programa. Que estamos subiendo de nuevo. Así que, en cuestión de semanas, he tenido que pasar de diseñar un futuro a corto plazo sin trabajo a solicitar que me alarguen las vacaciones veraniegas porque *Supervivientes* llega hasta finales de julio y nos han confirmado que en septiembre volvemos con *Sálvame*. El muerto ha resucitado. Chica, ¿es o no es para volverse loco del coño? Poco nos pasa.

Entiendo que desearas que toda España se diera cuenta de lo importante que eras para *Sálvame* —algo que, por otra parte, ya lo sabía todo pichichi—, pero lo que me cuesta perdonarte es que no me echaras un cable con la temporada madrileña de *Desmontando a Séneca*. Jamás había probado de manera tan clara a qué sabía el fracaso. Ni cuando presenté el *Gran Her-*

mano menos visto de la historia. Ni con este final de *Sálvame* que se va, que se va, pero que nunca se ha ido. Porque el fracaso de un programa de televisión lo tienes que imaginar. Te dan el dato, te dicen que ha ido mal y punto.

Tú desde el plató no ves salones de casas con sofás vacíos. Pero en el teatro sí. Y cada butaca vacía es un ataque a tu autoestima. Y eso que uno de los mejores actores de este país, que vino a verme a una de las primeras funciones en Madrid, ya me advirtió: «Son tiempos raros. Yo he tenido que salir a trabajar un sábado por la tarde para veinte personas. Y entonces te empiezas a comer la cabeza con historias que no se corresponden con la realidad». Yo lo escuchaba y asentía, pero tenía muy claro que eso no iba a pasarme a mí. Pero me pasó. Y de qué manera.

La venta anticipada de Madrid fue mal. Y el estreno, a mediados de enero, pues un estreno. No me gustan y no sé por qué se siguen haciendo. Sé que le pasa a la mayoría de los actores, pero ahí siguen. Inamovibles. Como la Cibeles. Suma la cuesta de enero, la ómicron y la guerra de Ucrania y el resultado es que había días que se vendían cincuenta entradas. Cincuenta. Repito: cincuenta. En una ciudad en la que viven más de cuatro millones de personas y que también cuenta con ciudades próximas con una considerable población. Un desastre.

Menos mal que el teatro tenía un sistema de abonados que permitía llenar con más gente el patio de butacas. Por tres euros venían al teatro. Iba a escribir que «disfrutaban» de una función, pero ese verbo no siempre se ajustaba a la realidad.

Cuando por tres euros puedes ver lo que te da la gana, vas a espectáculos que no te interesan lo más mínimo, solo por la curiosidad. Y así como desde el escenario se capta el entusiasmo del público que se ha tomado la molestia de organizar su agenda para ir a verte, también se siente la desgana del que va por ir. Hace poco leí una entrevista de la actriz Petra Martínez en la que contaba que, en cierta ocasión, paró una función porque el público estaba que no estaba. Les contó que así las cosas no salían bien, que tenían que implicarse, volvió a empezar la obra y todo fue como la seda. Triunfo total. Y es que hay veces que el teatro está lleno de gente, pero no hay nadie. Ser público también requiere su esfuerzo. Vas a ver a una persona que va a trabajar para ti. No puedes sentarte en una butaca pensando con indiferencia: «A ver qué me cuenta este». Para eso, mejor quedarse en casa.

Hay veces que el teatro está lleno de gente, pero no hay nadie.

La vuelta en el taxi tras cada función era demoledora, con la lágrima siempre a punto de salir, deseando que se acabara cuanto antes mi aventura teatral.

No ha habido una sola función de *Desmontando a Séneca* en la que el público no haya acabado de pie. Pero, Mila, te voy a confesar una cosa. Al final, me daba mucho pudor saludar para un teatro prácticamente vacío. Me sentía tan ridículo. Tan poca cosa. Que saludaba deprisa y corriendo porque me moría de la vergüenza. (Nota. Dice mi psicóloga que tenemos que abundar en lo de mi vergüenza.) Eso sí, la función siempre la disfruté. Era preciosa, Mila. Tú no la llegaste a ver. Yo decía que era mi propio *Cinco horas con Mario.* Pero de tanto hablar en la obra de la brevedad de la vida, de la muerte, de lo efímero, me empezó a invadir una inquietud que me angustiaba. Me acordaba mucho de ti cuando recitaba este párrafo sobre la muerte:

> Hemos navegado por la vida y en esta travesía primero desaparece la infancia, luego la adolescencia. Después cuanto media entre la juventud y la vejez; a continuación, empieza a mostrarse el fin común a todo género humano. Creemos, en el mayor grado de locura, que este fin es un escollo. Pero no. Es el puerto que debemos alcanzar. Que nunca se ha de rehusar. Y al que si alguno llegó antes no debe ser motivo de queja. Aquel que tú crees que ha muerto no ha hecho más que adelantarse en el camino. La muerte es el no ser y, sea lo que sea, ya lo conozco. Después de mi muerte volveré a ser el que fui antes de mi nacimiento. La muerte es una necesidad invencible. Quien ha de volver no debe sufrir al marchar.

¿Te puedes creer que muchas veces aplaudían después de recitar el texto? Fíjate que con el tiempo he sospechado que lo harían por solidaridad. Porque sabían que me acordaba de ti y esa era la manera que tenían de seguir demostrándote cariño.

Estoy escribiendo esto y me acaba de llamar Alberto Maeso. Nuestro Alberto. Le recuerdo que, desde que te fuiste, el grupo de Los Siete no nos hemos vuelto a reunir. «Tras la marcha de Mila, la vida nunca fue igual», me dice. Tiene razón. Pero ya va siendo hora de que nos juntemos para recordarte. El grupo de Los Siete lo conformábamos Marisol, Antonio, María Patiño, P., Alberto Maeso, tú y yo. Disfrutamos de varios veranos juntos, cenábamos, organizábamos planes divertidos. Es verdad. Como dice Alberto, tras tu marcha nada fue igual. Creo que nos da un poco de respeto volver a juntarnos, porque ese día no vamos a dejar de llorar. Joder, es que acabo de caer en la cuenta de que para el grupo eras nuestro Chanquete. Escribo esto y te juro que escucho cómo me dices: «¿Yo Chanquete? ¿Yo Chanquete? ¡Chanquete tu puta madre!». Pero ahora ya te estás descojonando conmigo. ¡Ay! Deja que me ría un poquito.

Estaba tan angustiado por la ausencia de público en el teatro que un sábado por la noche quise marcarme un *speech* en el *Deluxe*. Tenía previsto confesar que, aunque la función no estaba yendo como estaba previsto, mi ilusión seguía intacta, que iba a seguir luchando por ella y que uno se tiene que crecer ante las adversidades y varias chorradas más. Un discurso un poco lastimero que me fui preparando todavía en el teatro, pero que afortunadamente no llegué a pronunciar, y el motivo es el siguiente: durante la función, antes de irme a la tele, se vino abajo una pieza del decorado y, ante el temor —luego se demostró que infundado— de que me aplastara, salté a un patio de butacas que en ese momento estaba a oscuras. Me llevé una hostia de cuidado y el público se pensaba que formaba parte del alocado *show*. Y yo, desde el suelo, diciéndoles que no. Pero no acababan de creerme.

Pobre Manu, mi Manu Alvariño, que era el que desatascó esa plancha gigante que cayó sobre el escenario en un momento inadecuado. Como no me veía pensaba que me había aplastado y no paraba de llorar. El susto que se llevó Charlie, mi técnico adorado, tampoco fue pequeño. ¿Sabes que ese incidente lo relacioné con una de tus señales, Mila? Te lo juro. Si no hubiera sucedido, yo habría lanzado mi lastimero discursito en el *Deluxe* y estoy convencido de que mucha gente, con toda la razón del mundo, no lo habría entendido. «Con el ómicron y la guerra de Ucrania y este tío quejándose de que no le van a ver al teatro.» Pero, tras el susto, llegué casi temblando al plató y me limité a contar lo sucedido.

Y pensé, de verdad lo pensé, que me estabas dando un aviso. Tanto hablar yo en *Desmontando a Séneca* de la brevedad de la vida y me estaba olvidando de vivir, enmarañándome en pensamientos estériles que me empujaban a una tristeza permanente. «Coño, vive y déjate de hostias», sentí que me decías. Porque yo estaré loco, quizás, pero noto que a veces me hablas. Y que te ríes de algunas de las situaciones que narro en las que tú apareces como protagonista. O, cuando comparto alguna anécdota que hemos vivido juntos, siento que sonríes y me di-

«Coño, vive y déjate de hostias», sentí que me decías. Porque yo estaré loco, quizás, pero noto que a veces me hablas.

ces: «Anda que no presumes de lo que éramos tú y yo, ¿eh?». Y cómo no voy a presumir, hija. Si estaría todo el día hablando de ti.

Mira, Mila, no me han quedado ganas de hacer más teatro. Al menos por ahora. He recorrido España en pandemia y a veces ha sido difícil salir a actuar con aforos muy restringidos. O a teatros sin público porque estábamos atravesando la cuarta, la quinta, la sexta ola, o simplemente porque a la gente no le daba la gana venir a verme. Adiós a la angustia de tener que llenar, de enfrentarme a titulares que hablan de mi estrella caída o de ser examinado cada dos por tres porque vengo de la televisión.

Por el momento, me despido de entrevistas de promoción aburridas en las que siempre me acaban preguntando que qué les diría a aquellos que consideran *Sálvame* telebasura. Ahora tengo ganas de vivir y dejarme de hostias, como tú me aconsejaste desde donde estés. Siento que poco a poco estoy dejando atrás la oscuridad. Ese vacío que ha invadido mi vida durante casi un año y del que tú eres muy responsable.

Los días pasan, Mila, y tu recuerdo no se desvanece. Pero tengo que obligarme a convivir con tu ausencia porque si no me voy a convertir en un triste. Y no. Porque a pocas personas he conocido que disfrutaran tanto de la vida como tú. Nos conocemos y sé que no te gustaría verme hecho un mustio.

7

Días muertos

Hoy me he despertado empalmado. Hacía mucho tiempo que no me ocurría, así que me tendría que haber puesto contento. Pero eran las seis de la mañana y me estaba meando. Me limité a esperar a que se bajara la hinchazón y pudiera mear tranquilamente. También puedes mear empalmado, pero lo pones todo perdido. No compensa.

Me he acostumbrado a despertarme con la cosa dormida. No recuerdo cuándo dejó de preocuparme o si alguna vez me produjo algún quebradero de cabeza. Tomo media pastilla de Cialis antes de echar un polvo desde hace casi un par de años y tampoco lo he visto nunca como una minusvalía. Hay tíos que no la toman porque entienden que es una afrenta a su virilidad, pero yo prefiero hacerlo y saber que el asunto va a estar duro cuando se lo necesita.

Luego suele pasarme una cosa muy curiosa: el tío que está conmigo no se empalma porque le impongo. No porque yo esté bueno, sino porque salgo en la tele continuamente. Así que me he acostumbrado a llevar encima más Cialis de la cuenta para compartir en caso de necesidad. Las voy repartiendo entre bolsos y neceseres para que nunca se produzca ninguna contrariedad. Pídeme ahora un Cialis, que, rebuscando, seguro que encuentro alguno en algún bolsillo. Si a eso le sumas que yo sigo pidiendo las recetas a pesar de la prohibición de follar de mi psicóloga, pues estoy haciendo acopio de Cialis como si fuera a venir una guerra. Se me está pasando por la cabeza venderlos en el mercado negro. No hay lugar de mi casa —armario, neceser, mesilla de noche— en el que no aparezca alguno. P. me pide permiso para llevarse varios de vez en cuando. A lo que hemos llegado. Yo patrocinando los polvos de mi ex.

A lo que iba. Para mí, no hay nada más triste que un rabo que no se empalma durante el acto. Me produce una sensación entre rabia y asco y soy incapaz de llevármelo a la boca para animarlo, porque entiendo que eso puede significar abundar todavía más en el problema. No sé qué hacer con un aparato mustio e intento terminar la función lo más rápidamente posible. Del tirón. Sin entreacto ni la copa de después para comentar lo vivido.

En el sexo yo me lo estoy pasando verdaderamente bien ahora, a mis cincuenta años. De jovencito solía resolver, sin más, porque luego el sentido de culpa me duraba muchísimos días. Que yo recuerde, en mi época no se penetraba tanto, y ahora, si el polvo no incluye penetración es algo que para mucha gente es como un campo sin flores. A ese acto, el no penetrar, se le llama *chupipaji* —*petting*, en inglés— y no cuenta como follar. Yo me lo he pasado muy bien así, que conste.

En el sexo yo me lo estoy pasando verdaderamente bien ahora, a mis cincuenta años. De jovencito solía resolver, sin más, porque luego el sentido de culpa me duraba muchísimos días.

Si entendemos que follar es con penetración, yo he follado relativamente poco. La gente tiene tan claro que lo de las chupipajis es tan de púber que ya sale a la calle preparada para lo que pueda pasar. Llegado el momento, puede que desees follarte a uno que acabas de conocer en una discoteca, pero que el muchacho no se haya hecho la pertinente lavativa. Entonces te dirá con total tranquilidad: «No estoy preparado», y tú tienes que entender que debes abortar la Operación Penetración por arriesgada. Porque existe la posibilidad de que por el camino te encuentres un campo de minas.

Yo he sido muy pava en esto del sexo. Y demasiado estrecha. Un tío me echó de su casa porque no me la dejé meter. Con el tiempo he ido claudicando, pero no es algo que me produzca mucho placer. A ver, tengo que estar muy salido, que a veces también me sucede. Y eso que la gente que me ve por la tele cree que soy pasivo como una puerta. Pero no, soy versátil más activo. Es que cuando estás en el mercado tienes que ampliar horizontes, porque la competencia es muy dura. Que conste que no soy más pasivo porque no me sale, no por prejuicio. Me gustaría disfrutar de la misma manera de las dos formas, pero por ahora no es el caso. No desisto.

No llevo muy bien la pasividad en mí, pero sí en los otros. Me excita ver cómo a algunos se les ponen los ojos en blanco cuando están siendo sodomizados. Es una estampa bellísima. Es la representación más gráfica que he encontrado a lo largo de mi vida de lo que debe ser el éxtasis. Que te la metan y te guste. A mí me ha pasado algunas veces, pero he tenido que estar un poco dopado.

El sexo es precioso. La unión de dos carnes en puro estado de excitación. Pero si alguna vez lo has probado con drogas, es algo que te deja turulato. Eso me lo ha contado un amigo, que las sensaciones son la hostia. Pero que tiene mucho peligro, porque el sexo no es eso. O no solo eso. Que son otras muchas cosas que pueden quedar opacadas cuando lo mezclas con drogas. Por eso hay que tener cuidado con estas historias, porque te quieres quedar permanentemente a vivir ahí. Y las drogas son malas. Eso es lo que me contó un amigo.

Bueno, para qué engañarnos: el amigo soy yo.

Yo me he acostado con mucha gente, pero he disfrutado con muy poca. No me ha gustado meterme en la cama con nadie estando sobrio, me ha parecido hasta de mala educación. Porque el sexo lo he entendido siempre como un elemento que debía decorarse para que resultara más explosivo. Vino, champán, un chupito, mareo de cabeza, boca pastosa. De ahí que de la mayoría de la gente con la que me he acostado no guarde ni mal ni buen recuerdo. Simplemente no guardo ninguno.

Yo me he acostado con mucha gente, pero he disfrutado con muy poca.

Con los años me enfrento al sexo con dosis de sobriedad cada vez más altas, lo cual es bueno porque tienes memoria y malo porque alguna que otra vez no sabes cómo poner la directa para que el asunto acabe lo antes posible. Y después debes ingeniártelas para echar al muchacho de casa sin que advierta que lo estás poniendo de patitas en la calle. Yo, que antes estaba encantado con que cualquiera se quedara a dormir conmigo, busco cualquier excusa para pedirle el taxi. Alguien describió muy acertadamente el instante desde que llamas al taxi hasta que aparece: eternidad. Hace años que no me apetece dormir con nadie porque hace años que nadie me pone los pelos tan de punta como para que me provoque despertarme a su lado. Aunque he tenido alguna recaída, ¿eh?, tampoco soy de piedra.

Cuando era más joven, me ponía cachondo con tal intensidad que, si hubiera logrado que esa sensación desapareciera dándome cabezazos contra una pared, lo habría hecho. No la podía controlar, vivía dominado por el sexo, por muy antigua que suene la expresión. Ahora esa sensación no es más que un recuerdo que a veces hiere mi corazón —más bien diría que me toca las pelotas— sabiendo que nunca más me invadirá a no ser que recurra a algún remedio artificial. O que aparezca el tío que me ponga del revés, que también puede ser.

Ahora tengo la impresión de que estoy muy pocas veces cachondo. Cuando me levanto por las mañanas de vez en cuando estoy algo tontorrón y siento ese ligero hormigueo que, de manera imperceptible, te empieza a pedir marcha hasta que, sin comerlo ni beberlo, estás medio empalmado. Hay veces que ya de buena mañana te encuentras echándole un vistazo a tu agenda para ver con quién puedes quedar después del trabajo, pero lo mejor es hacerse una paja. Así te evitas estar pensando durante el resto del día cómo cancelar la cita que has organizado con tanta insistencia por culpa del calentón.

Me gusta el sexo. Sí. ¿Tanto como antes? Me gustaría decir que sí y quedar como un gran empotrador, pero es que aparte del sexo me gustan otras muchas cosas: viajar, leer, pasar tiempo con mis perros, bañarme en la playa. Ahora bien: si no follo, el sexo se convierte en uno de mis grandes quebraderos de cabeza. Puedo pasar tiempo sin ir a la playa y no pasa nada. Puedo estar semanas sin leer un libro y no pasa nada. Puedo estar tres meses sin coger un avión y no pasa nada. Puedo estar dos semanas sin follar y empiezo a preguntarme que qué clase de mierda de vida llevo. Porque lo peor no es estar dos semanas sin follar, que las puedo sobrellevar mal que bien. Lo verdaderamente desesperanzador es que, además de esas dos semanas, no se vislumbre a nadie en el horizonte la semana entrante para echar un polvo. Y así, las semanas pueden ir acumulándose mientras tú te vas convirtiendo en un ser cada vez más invisible para el resto de la gran comunidad marica. Y tu cabecita loca entiende que no tener sexo te acerca más a la senectud. Para mí, el sexo es vida. Día que no follo cuenta en mi calendario como día muerto.

El sexo te hace sentir joven y yo ya no lo soy tanto. Creo que es el ejemplo más patente del paso de los años: ni una pata de gallo, ni flaccidez en los abductores, ni el cuello ligeramente descolgado. Que llegando a unos años no te apetezca hacerlo a todas horas es un poco triste. Decadente, incluso. Hay una época en la que esa idea te taladra la cabeza.

Yo he estado domingos por la tarde en mi casa tan tranquilo disfrutando precisamente de una paz reparadora cuando la mente ha empezado a decirme que qué coño hacía perdiendo el tiempo de esa manera. Que a mi edad debería estar follando. Que si no me daba cuenta de que se me estaba yendo la vida en un sofá. Y a mí de verdad que lo último que me apetecía en ese momento era follar, pero la mente dale que dale, que estaba malgastando mi vida sin darme cuenta. Y entonces, a tomar por culo toda la tarde.

Adiós tranquilidad, adiós sosiego, tómate tres copas de vino para empezar a animarte y vuélvete loco buscando un polvo. Con un poco de suerte lo encuentras, pero se te hacen las tantas del domingo y ya empiezas la semana con resaca y pensando que te podrías haber ahorrado las diligencias. Con lo a gusto que estaba haciendo lo que me apetecía —descansar— y no lo que suponía que debía hacer para sentirme vivo: follar. En estos casos, ya te digo, es mejor una paja, dónde va a parar.

Para el sexo no me gusta repetir. Soy demasiado sentimental y enseguida me encariño. Creo que acostarse con alguien, aunque te hayas acostado con doscientas y pico mil personas, siempre tiene algo de especial. De momento único. Solos tú y yo. Si repito, comienzo a preguntarme si estará con otros, si se lo pasará igual de bien, si se reirá tanto como conmigo, si gemirá de esa manera tan especial cuando le hago la cucharita después de corrernos. Si repito, empiezo a sentir algo de manera muy rápida. De la misma forma que dejo de sentirlo si veo algo, por pequeño que sea, que no me convenza. En ese, y en otros tantos aspectos, soy una feria. Y para ser sinceros, soy experto en de-

Creo que acostarse con alguien, aunque te hayas acostado con doscientas y pico mil personas, siempre tiene algo de especial. De momento único. Solos tú y yo.

tectar fallos insalvables en el otro. O al menos lo he sido durante años.

Nadie como yo para autosabotear amagos de relaciones, porque siempre he relacionado la estabilidad con la muerte en vida. Ahora, sin embargo, creo que estoy preparado para iniciar una nueva relación. Pero soy demasiado rápido descartando. Y así van pasando los días, las semanas, los meses e incluso los años. Y dependiendo de cómo esté de ánimo, la sensación de no volver a encontrar jamás un compañero de vida me produce tristeza, decepción, nostalgia, melancolía o, en el mejor de los casos, euforia. Si no aparece uno es que habrá varios que me irán entreteniendo hasta que la palme. Lo estáis comprobando. No tengo cerebro. En su lugar, tengo una lavadora que no para de centrifugar y volverme tarumba.

Para acostarme, me gusta la gente joven. Para una relación, también, pero puedo abrir un poco más el abanico. Gente de mi edad, no, que los veo muy mayores. Físicamente me atrae la belleza obvia: guapos de cara —o al menos que a mí me lo parezcan, eso es muy subjetivo— y cuidados de cuerpo. Rectifico: muy cuidados de cuerpo. Los pectorales en su sitio, los flancos prietos, las piernas trabajadas y unos bíceps como colinas. Morenos. Si puede ser morenos por contacto con la playa, que le da a la piel una oxigenación muy morbosa. En este aspecto destaco los cuerpos canarios, que son un canto a mi erotismo más salvaje y trabajado. Imagino actos y situaciones que no podrían ser perdonados bajo ningún concepto en la más exhausta de las confesiones.

Sin embargo, no me suelen gustar los cuerpos blancos. Escribo que «no suelen» porque tampoco quiero descartar oportunidades, pero me parecen faltos de salud, como a medio hacer. Aunque también es verdad que la combinación de esos cuerpos tan blancos con el vello corporal muy negro puede ponerme muy caliente. Sobre el vello seré muy claro: no me gusta. Si hay, que sea poco. Nunca en los glúteos ni en la espalda. Y en el resto del cuerpo, recortado.

La gente joven, lo acabo de escribir, también me gusta para una relación. Especifico: más joven que yo. Incluso bastante más joven que yo. Veinte años sería el tope por lo bajo, aunque siempre es negociable. Huyo de la gente de mi edad. A mí ya me ha dado un ictus y afortunadamente he salido indemne. Pero como decía el mítico periodista Pedro Rodríguez: «Se está muriendo gente que no se ha muerto nunca». No hay semana o quince días que no me entere de que alguien cercano se haya ido al otro barrio. Y si se mueren los demás, ¿por qué no me puede tocar a mí?

No quiero tener una relación con gente de mi edad porque no quiero que la salud sea uno de nuestros temas recurrentes: la sal en las comidas, evitar postres por el azúcar, vigilar el estrés por si te da un infarto. No. Yo quiero un novio para divertirme. Un novio joven que todavía no haya descubierto que a veces en la vida no pasa nada. O que siempre pasa nada. Y si lo descubre, que tenga la capacidad y la imaginación de revolverse contra el tedio y diseñar una nueva existencia basada en la ausencia de sentido común. A mí dame un joven que me ponga las pilas y que no se escurra del sexo porque viene del trabajo estresado.

La gente de mi edad me aburre. Me aburro yo mismo, que soy un cascabel, no me van a aburrir los demás, que ya ni los escucho cuando me hablan de sus hijos, de lo poco que follan con sus parejas o de lo mucho que les aburren sus trabajos. Pues no haber tenido hijos, sepárate y líate la manta a la cabeza y ponte a buscar otro curro, joder. Yo me quejo de lo mío, pero ando todo el día dándole vueltas a la cabeza a ver cómo puedo solucionar lo que no me funciona. Y es que el dejarse llevar y amargarse son dos de las actitudes que más detesto en el ser humano.

En estos momentos, para que mi vida sea perfecta solo le faltan dos cosas: encontrar a Dios y follar más. Esto último implica dedicarle tiempo al asunto, no me parece una tarea complicada. Tengo las posibilidades económicas para alquilarme un picadero en el centro de Madrid —porque el piso de Bordadores sigue alquilado—, tirar de aplicaciones e ir resolviendo. Porque, en ese aspecto, vivir en una urbanización a doce kilómetros del centro no me favorece. Entre que empiezas a ligar, aceptas quedar, el muchacho se prepara —recordad, la lavativa— y se presenta en casa pasa como mínimo una hora. Tiempo más que suficiente como para que el calentón haya desaparecido. Si el muchacho se presenta y tiene poco que ver con el de la foto, a mí me da vergüenza despacharlo de vuelta y, claro, llega ese momento en el que te lo tienes que follar por educación.

¿Y por qué no vas tú a su casa?, te estarás preguntando. Pues te voy a responder. Soy una de las personas más conocidas de este país. La posibilidad de meterme en una escalera que desconozco y coincidir en el ascensor con una persona que seguramente me reconocerá y se me quedará mirando me bloquea de tal manera que me impide meterme en esos berenjenales. Me muero de la vergüenza pensando que en un espacio cerrado sin posibilidad de escapatoria alguien me pregunte por el gazpacho de Belén Esteban. Si tuviera picadero en el centro, podría quedar en cafeterías para conocer al muchacho antes de llevármelo a la cama. Lo estoy pensando. También es verdad que la mayoría de los días al acabar de trabajar lo único que me apetece es volver a casa con los perros.

Por otra parte, la posibilidad de follar mucho me estresa. Entras en una especie de rueda en la que si no se producen encuentros sexuales frecuentes te agobias y te sientes un desgraciado. La caza me aburre, porque ahora se lleva mucho el tema de las aplicaciones, que a mí me parecen un poco coñazo. Y las discotecas, pues es que no me veo yo dándole al tacón con asiduidad para conseguir dormir caliente. Total, que entre una cosa y otra van pasando los días y se van acumulando demasiadas noches seguidas en las que ni chus ni mus. Sumémosle a eso una agenda laboral bastante apretada. Creo que ahí radica el problema. Tengo que dejar de salir tanto en la tele y entrar más en la cama. Acompañado, se entiende.

No olvidemos el tema de la edad. Tengo cincuenta y dos. Gustamos a un determinado tipo de público, pero también empezamos a ser considerados por otro como mayores. Así que, si tu objetivo es ligar, debes acudir a ese local al que los jóvenes acuden en busca de mayores. Un local específico, quiero decir. Como te metas en uno generalista, corres el riesgo de que a altas horas de la madrugada te quieran ayudar a bajar un escalón. Cuando yo era más joven, había uno en el que los mayores se ponían las botas. Supongo que seguirán existiendo bares así. Si a mi edad le sumas mi popularidad, se le añade un factor de riesgo: atraer a muchachos que quieran vivir a mi costa. No me importa, siempre que no se les note mucho. Procuro ser muy cuidadoso con mi reputación.

Mi problema no es único, ya lo sabéis. Llega un momento de tu vida en el que te preguntas qué hacer para conocer a gente. Yo, aparentemente, lo tengo más sencillo, porque para ese tipo de cosas mentalmente soy un adolescente y creo que sigo teniendo treinta años. Cuando conozco a alguien y jugando le pregunto mi edad, me cojo un cabreo soberano si me dicen más de cuarenta y dos. Yo no lo entiendo, porque me miro al espejo y veo a un muchacho bien pintiparado. Pero está claro que los demás ya ven a un señor. Sin embargo, los de cincuenta solteros sabrán a lo que me refiero cuando hablo de lo complicado que es conocer a gente nueva. Sé que es difícil, pero lo importante es no perder la esperanza.

Uno de mis mitos eróticos más recurrentes son los bailarines de veinticinco a treinta y pico años. Creo que sería muy feliz teniendo un novio así. Bailarín. No bailaor ni tampoco de clásico. Bailarín de programas de variedades, de espectáculos veraniegos para gente adinerada. Bailarines del Lío de Ibiza o de Cerdeña. Bailarines que vibran con su profesión, que la aman tanto que no se consideran de segundas, por no actuar en San Petersburgo o en el Teatro Real de Madrid. Bailarines. Cuando vienen a la tele los veo siempre sonrientes, de muy buen ánimo, esforzándose al máximo para que el número que vayan a realizar salga a la perfección. Todos con los que me he topado, ellos y ellas, han sido maravillosos conmigo. Te ayudan en tus carencias y te motivan a seguir. No te restriegan que, comparado con el suyo, tienes un cuerpo de escombro. O que en el reparto de miembros te hayan tocado dos pies izquierdos. Conozco a pocos gremios tan generosos como los bailarines que vienen a un plató.

Yo siembre tonteo con alguno de ellos, pero nada. Veo esos cuerpos tan bien perfilados, marcados en su justa medida, dedicados a una profesión muy ingrata que les valora poco y les paga todavía menos. Y pese a todo sonríen y sonríen porque bailan, su gran pasión. Me imagino enamorándome de un bailarín, esperándole en casa después de una dura jornada con la mesa puesta como para celebrar algo. Cualquier cosa. Con velas y todo. Acariciándole lentamente los músculos al despertar y acompañándole a ver todas las funciones en las que salen sus colegas. Un día *Fama*, otro *Grease*, y así. Me gustan los bailarines porque son disciplinados, sentimentales y muchas veces románticos. Siempre he soñado con tener un novio bailarín, pero pasan los años y no aparece. Yo, pese a todo, sigo jugando. Como mi madre a los cupones de la ONCE.

Ahora estoy enganchado a los bailarines de Chanel. No hay mañana que no me ponga en YouTube varias veces su actuación en Eurovisión. Me encanta ella y me quedo embobado con ellos. Esas caras de placer cuando bailan, ese torso al aire, esos movimientos, esos absurdos zapatos con plataformas imposibles. Todo es tan obvio como excesivo. Me flipan. Hacen que el animal que llevo dentro ruja con pasión. Firmaría por tener un rollo con alguno de ellos. Los nuevos Tadzios son los bailarines de Chanel. A lo mejor a alguno de ellos le gustan mayores, de esos que llaman señores.

Todo lo que he escrito son meras teorías. Puede aparecer un tío que no tenga nada que ver con lo que imaginaba y que me haga tragarme todas mis palabras una a una. Yo por eso no tengo problema. Pero primero que salga, ¿no?

8

La familia

Paso el fin de semana con mi madre y mis hermanas. He reservado habitaciones en el mítico hostal La Gavina, en S'Agaró, pero antes de llegar almorzamos en Barcelona. En el Botafumeiro. Una marisquería de toda la vida en la que disfrutan como un gorrinillo en un charco. Sobre todo, con los percebes, que les pirran a las tres. A mí no me matan. Es que ni los pruebo. Soy más de ostras, de almejas, de cañaíllas.

Mi hermana Ana, que es el optimismo hecho carne, empieza a recitar un mantra que repetirá millones de veces durante todo el tiempo que estemos juntos: «Qué fin de semana más chulo. Qué bien, qué bien». No necesita que nadie le conteste ni le siga el rollo. En eso me recuerda a Massiel. Te puede llamar doscientas cincuenta y dos veces y tú no cogérsela ninguna. Pero, cuando lo haces, no te reprocha que hayas pasado de ella olímpicamente. Son profesionales de la llamada. Cuando están aburridas, empiezan a marcar números de teléfono y siempre encuentran a alguien que esté más aburrido que ellas y suspire por un rato de conversación.

Como mi hermana Ana amenaza con darme la chapa durante el camino de ida a S'Agaró, me pongo los cascos. Al poco rato me habla y yo se los señalo y sonrío. Capta el mensaje, también sonríe y me deja en paz.

Llegamos al hotel y, aunque he reservado tres habitaciones, quedamos todos en la mía. Me encanta, porque no son nada pesadas. Con tal de que estemos juntos ya están contentas. En un momento dado aparece como tema de conversación «la vida». No me parece moco de pavo. Mi hermana Ana, como de costumbre, toma la palabra:

—A mí me encanta vivir. La vida es un regalo. Me gusta levantarme, saber que tengo un nuevo día para disfrutar, ver cosas.

—Hombre, es que la vida es muy bonita —tercia mi madre—. Yo no puedo con esa gente que está siempre triste, que le preguntas por cómo están y te responden siempre con desgana. Yo me levanto, me tomo mi café, me arreglo, bajo a la Nina, como. Y por la tarde, qué a gustico me siento yo con la tele para verte.

No me atrevo a decirles que últimamente soy como esas personas tan mustias. Que nada me ilusiona y que casi todo me sobra.

Aparece el tema de los novios. Yo les confieso que a mi edad me parece cada vez más difícil encontrar uno.

No me atrevo a decirles que últimamente soy como esas personas tan mustias. Que nada me ilusiona y que casi todo me sobra.

—Pero, hijo, si estás en la flor de la vida. Lo que no puede ser —sentencia mi madre— es que te gusten tan jóvenes. A mí esas diferencias de edad tan grandes no me hacen gracia. Te tienes que buscar a uno de cuarenta y cinco o así.

—Pero es que me gustan jóvenes.

—Pues lo que tú quieras, hijo, lo que tú quieras.

Antes de despedirnos, mantenemos una intensa conversación sobre la necesidad que tiene mi hermana Esther de ponerse cejas.

—Claro, por eso te veía yo tan rara. Tienes que ponértelas, Esther, tienes que ponértelas. Se casa tu hija en agosto y tienes que ir bien guapa. Por cierto, ¿queréis que os invite a unos pinchazos en Madrid antes de la boda? Mi médica es buenísima.

Mis hermanas se miran y parece que no terminan de decidirse.

—Yo no —dice Esther.

—Yo quizás más adelante —la sigue Ana.

—Ana, tienes ya sesenta años. ¿Cuándo es más adelante?

—Pues más adelante.

Es muy curiosa la relación que tiene mi familia con la edad. En un momento en el que estamos a solas, le pregunto a mi madre cuánto dinero tiene en el banco. Me lo dice. Me parece bastante.

—Pues, chica, gasta, hazle regalos a la Esther y a la Ana.

—Bueno, Jorge, yo también tengo que pensar en mi vejez, ¿eh?

Mi madre tiene ochenta y dos años. ¿Cuándo empezará ella la vejez?

Durante el desayuno del domingo, les explico mi propósito de escribir un nuevo libro.

—¿Y de qué va a ir? —pregunta Esther.

—Pues de todo un poco. No sé. Me gustaría que hubiera un capítulo sobre la vida de la mama.

—Mi vida es mía, ¿eh? —replica ella bien rápido—. Tampoco me gusta ir explicándola por ahí.

Desvío la conversación pidiéndome un tercer café.

Pasamos el domingo paseando por la playa de S'Agaró. Se me ocurre que mi cumpleaños —el 25 de julio— lo podemos celebrar todos juntos en mi casa y también largarnos cuatro o cinco días en verano por ahí. Contestan a todo que sí y, aunque estamos a primeros de mayo, empiezan a hablar de mi cumpleaños y del viaje como si fuera el próximo fin de semana. Qué maravilla que sean tan agradecidas.

Cuando volvemos a Barcelona en el coche, siento por un instante que la felicidad tiene que ver con esos momentos en los que hablas con tu familia de asuntos cotidianos. En el coche me tiro un pedo y las tres empiezan a decir que qué peste. Yo no quito la mirada del móvil y aguanto la risa con dificultad mientras le encasquetan el muerto a mi hermana Ana. Ella jura y perjura que no ha sido, pero nadie la cree, a saber por qué. Al rato, sin venir a cuento, les confieso que me parece injusto que mi hermana haya sido acusada de algo que no ha hecho.

Esto debe ser la felicidad.

—¡Ya decía yo que había sido tu hermano!

Y me río como hacía tiempo que no me reía. Esto debe ser la felicidad.

9

Rocío

Quedo por fin con Rocío Carrasco en mi casa en plena ola de calor extremo. Llega sobre las doce del mediodía y, nada más verla, me doy cuenta de que viene muy ligerita de equipaje.

—Oye, ¿no has traído bikini? —le pregunto—. Es que estaríamos muy bien en la piscina.

—No, no... —me responde, un poco esquiva con el tema—. No he traído. Báñate tú si quieres.

—Pero, mujer, ¡si esto está que parece el infierno! ¿Estás segura?

—Que no, que no... —se reafirma—. Que yo no me pongo en bañador delante de cualquiera, Jorge. Soy muy pudorosa.

—Anda ya, no me lo creo.

—Pues créetelo, porque es la verdad.

—Pero delante de Fidel sí que te bañarás, ¿no?

—Sí, hombre, sí. Delante de él, sí.

Conozco a Rocío desde que era una cría. Por las revistas, al principio. Durante muchos años fue Rociíto y su nombre y su persona se convirtieron en pasto de una crítica que hoy en día sería impensable en nuestra sociedad. Eran otros tiempos. Más crudos.

Ahora sé que aquella niña no se merecía algunas de las mofas que recibía, pero el caso es que algunas veces las ponía a huevo. La primera parte de su existencia fue un disparate. Luego, cuando Fidel llegó a su vida, se centró, desapareció del mapa durante algunos años, hasta que, en los últimos tiempos, ha empezado a levantar cabeza. Sí, después de la emisión de la docuserie *Rocío. Contar la verdad para seguir viva*.

Ahora sé que aquella niña no se merecía algunas de las mofas que recibía, pero el caso es que algunas veces las ponía a huevo.

Estoy dándole vueltas a cómo han cambiado las cosas cuando Rocío me sorprende rompiendo el silencio:

—¿Sabes? Estaba deseando tenerte delante para poder preguntarte dos cosas. De verdad. Llevo un tiempo diciéndome a mí misma: «Cuando lo vea, quiero hablarlo con él».

Me reacomodo un poco en el sitio.

—A ver, ¿y qué es?

Ella toma aire antes de empezar.

—Cuando mi tío Amador fue a un *Deluxe* y dijo allí mismo que yo castigaba a mi hijo, que lo encerraba en un cuarto sin agua y sin dejarlo salir ni siquiera para ir al baño... ¿Tú aquello te lo creíste?

Ni se me pasa por la cabeza responder con otra cosa que no sea la verdad:

—Pues claro, Rocío, claro que me lo creí. ¿Cómo no me lo iba a creer? ¡Si me lo estaba contando tu propio tío!

—Pero... entonces, ¿qué consideración tenías de mí?

—Fácil: pensaba que eras una desquiciada. Pensaba que estabas zumbada.

—¡Pero es que estaba hablando de que yo maltrataba a mi hijo!

No supe qué responder.

Pasamos varias horas juntos ese día de verano. Hablamos de un montón de cosas y en algunos momentos no pudo evitar las lágrimas. No me voy a recrear con cuáles fueron. Supongo que añadiría fuerza al capítulo, pero creo que no hace falta señalar en qué instante se vino abajo.

También nos reímos, ¿eh? Mucho. Porque la vida, aunque a veces nos cueste creerlo, siempre sigue adelante.

Me gustaría señalar que, antes de la docuserie, Rocío y Fidel eran una pareja que me producía un aburrimiento extraordinario. El recuerdo que tengo de ella es el de un alma en pena, un alma en pena que caminaba por la vida de la mano de su caballero andaluz. Alguien que no me producía el más mínimo interés: siempre correcta, siempre con una media sonrisa en la boca. Siempre aburrida.

El recuerdo que tengo de ella es el de un alma en pena, un alma en pena que caminaba por la vida de la mano de su caballero andaluz.

Pero eso era cuando se la veía, porque la leyenda contaba que pasaba mucho tiempo encerrada en su casa, que Fidel la tenía totalmente atrapada y que no la dejaba relacionarse con el mundo exterior. Algunos, un poco más atrevidos, incluso susurraban la palabra *maltrato.* Era una pobre mujer. Sin más. Una pobre mujer que, junto a su pareja, se empeñaba en poner juicios a diestro y siniestro. Juicios que, según la leyenda, siempre acababa perdiendo.

Creo que para mí el asunto comenzó a asumir otros tintes después de que su hija cumpliera la mayoría de edad. Fue entonces cuando se hizo público el episodio que todo el mundo conoce. Su padre la introdujo en el mundo de la televisión y España no era capaz de entender cómo una madre podía negarse a llamar a su hija, a esa chica tan educada y tan vulnerable que se sentaba en los platós.

El drama alcanzó el punto álgido cuando escuchamos a esa hija, en plena pandemia y desde Honduras, implorar una llamada de su madre. Una llamada que nunca se produjo.

Yo llamé entonces a Rocío Carrasco. La llamé y le dije: «Tu hija está en *Supervivientes,* está pasándolo mal, y la gente no entiende tu postura». A pesar de todo, jamás —repito: jamás— puse en tela de juicio a Rocío Carrasco como madre. De alguna manera, yo intuía que algo no encajaba, había algo que no me cuadraba. Rocío lo sabe. Recuerdo que un día, en pleno directo en *Sálvame,* dije:

—Esto me suena a una de esas películas que ponen los fines de semana en Antena 3. Que luego nada es lo que parece. Hay algo que no me cuadra.

Pero el caso es que era muy difícil entender a Rocío Carrasco. Había compañeros que manejaban cierta información, pero la avalancha por la parte contraria era de tal magnitud que el asunto quedaba enterrado y todo resultaba un poco incomprensible. Es más: yo no solo no sabía ni entendía lo que estaba sucediendo, sino que, en cuanto se empezaba a hablar del tema y del aluvión de demandas, desconectaba, de puro hartazgo.

Si no lo entendía yo, que me dedico a este negocio, cómo lo iba a entender el público.

Belén Rodríguez, una de las más firmes aliadas de la pareja, me comentó un día que Rocío y Fidel querían quedar conmigo para explicarme la situación. Para ellos era importante que yo les creyese, me dijo. Les di largas, luego me pilló el ictus y todo se volvió más complicado. Ahora sé que, como profesional, fallé. Dejación de funciones, podría decirse. Para ser sincero, lo único que ocurría era que no quería quedar con dos personas tan raras.

Rocío decidió un día que ya no podía más. E intentó quitarse de en medio.

—Y a partir de ese día —nos contó después en la docuserie— decidí que esta historia no iba a acabar conmigo.

Se había acostumbrado a vivir de manera furtiva. Refugiándose en casa de amigos de la urbanización, donde se sentía segura y podía relajarse sin temor a ser juzgada. Pero llegó un punto en que hasta su psiquiatra —una de muchos— se quedó sin armas para tratarla:

—Yo iba a verla —me dice Rocío en mi casa— y cuando le contaba que tenía miedo de que llegaran los miércoles, porque era el día que salían las revistas, siempre me decía: «Rocío, no debes tener pensamientos recurrentes». Pero claro, a la semana siguiente iba yo con la revista en cuestión, se la enseñaba... y ella no podía más que darme la razón. En uno de sus informes, llegó a escribir que si el agente agresor externo no cesaba, ella poco más podía hacer, porque ya no le quedaba más medicación que recetarme.

Las cosas empezaron a cambiar cuando se reunió con Adrián Madrid y Óscar Cornejo, productores de La Fábrica de la Tele.

Sí, quería hacerlo.

Sí, estaba dispuesta a contar su historia.

—El día que llegaron a casa —continúa Rocío— yo tenía un montón de documentos esparcidos por encima de la mesa. Al verlos, Óscar me dijo: «No, no. Nada de documentos. Lo que queremos es el testimonio». Pero yo no podía dejar todo eso a un lado, y se lo dije: «Estos documentos son todas las pruebas. Si no se hace con pruebas, no lo hago».

Así que se hizo. Con pruebas.

Al conocer sus intenciones, Lola, la psiquiatra, le dijo:

—Me alegra que hayas tomado la decisión. Pero no tengas expectativas.

¿Expectativas? El testimonio de Rocío Carrasco destrozó todas las expectativas imaginables. Como sociedad, nos puso frente al espejo. Algunos tuvieron la humildad de recapacitar. Otros, atemorizados por perder sus privilegios, machacaron de nuevo a la víctima. Hay cosas que nunca cambian.

El testimonio de Rocío Carrasco destrozó todas las expectativas imaginables. Como sociedad, nos puso frente al espejo.

De entre estos últimos, algunos incluso desestimaron el testimonio, lo atacaron abiertamente sin haberse tomado siquiera la molestia de verlo. No les convenía, eso era lo que sucedía. Dentro de la profesión hay gente que exhibió de una manera tan impúdica su mezquindad que jamás levantará cabeza.

Pasado un tiempo prudencial, es sano hacer autocrítica. Es un ejercicio obligatorio. Sin ella nos limitaríamos a repetir los mismos errores una y otra vez. Creo que en nuestra cadena sobró debate. Habría bastado con la emisión de la docuserie, pero se dio lugar a que voces sin ninguna preparación en el tema pusieran en tela de juicio el testimonio de Rocío con argumentos a los que, como mínimo, se les podía achacar un escaso nivel intelectual.

Sobró mucho de los típicos «Yo creo que», «Yo pienso que», y el peor de todos: «Yo opino que». Es fácil decirlo ahora, claro, pero en ese momento no sabíamos que con lo que hacíamos allí se estaban sacudiendo los cimientos de una sociedad que hace tiempo que viene exigiendo un cambio. Casi nada. No sé si se inició una revolución entera, pero, con la que se montó, creo que dio al menos para media.

La magnitud del testimonio de Rocío, su onda expansiva, era tan apabullante que los que optaron por no escuchar, los que ni siquiera intentaron entenderla, se vieron obligados a redoblar sus ataques... Así que, lamentablemente, volvimos a la casilla de salida: a cuestionar a la víctima, que es algo que por desgracia sigue sucediendo en nuestra sociedad.

No se escucha a la víctima.

Y cuando la escuchamos, no siempre nos la creemos. Sobrevuela demasiado la duda.

Estoy convencido de que, después de todo lo que contó Rocío, se ha avanzado mucho.

Recuerdo que, en un programa, Ana Bernal Triviño me advirtió:

—Estamos perdiendo el foco.

Yo no entendía a qué se refería. Con el tiempo, sin embargo, lo acabé entendiendo. Comprendí que el Mal existe. El Mal manipula, corrompe, miente, acorrala y destruye.

El Mal es inteligente y emplea todas las tretas para escabullirse y evitar responsabilizarse de sus acciones. «No hay que perder el foco», advertía Bernal Triviño. Porque el Mal escoge muchas formas para seguir actuando.

Lo que jamás acabaré de entender es que algunos compañeros de mi cadena eligieran al Mal. No hay equidistancia posible en este tema. O se está con el Mal o contra el Mal. Y quien se posiciona de manera consciente al lado del Mal porque le asegura presencia en un programa de televisión no me merece el más mínimo respeto.

No hay equidistancia posible en este tema. O se está con el Mal o contra el Mal.

«Vivimos en un Estado de derecho.» «No hay condena», vociferaba la jauría. Como si no existiesen jueces corruptos, machistas, misóginos, homófobos e insensibles. Jueces que no creen que exista la violencia de género. Jueces que hacen de todo menos juzgar. Jueces que intentan imponer su manera de entender la vida, obviando que su trabajo no es ese. Pese a todo, tenemos que seguir creyendo en la justicia, aunque a veces nos cueste la vida.

—¿Qué va a pasar con tu hijo? —le pregunto después de un silencio cómodo.

—Mi hijo es mayor de edad, Jorge. La gente se piensa que esto es tan sencillo como plantarme en Málaga y traérmelo a casa. ¿Qué se creen?

Me habla de historias judiciales que en otra época habría puesto en cuarentena solo por venir de ella y que ahora, después de todo lo que sé, me abochornan como ciudadano.

—Paciencia —digo entonces, porque es lo único que se me ocurre decir. Que en casos como estos es como no decir nada.

Ella asiente, aparentemente tranquila. Lleva varios años ejercitándola.

—¿Sacas algo bueno de tus peores años?

—Cómo voy a sacar algo bueno..., ¡si me quitaron a lo que más quería, que era mi hija!

Los que aún no entienden que no tenga relación con su hija esgrimen argumentos como que las madres siempre sufren. Y sí. Es verdad. Sufren desde el momento en que son madres. Pero las madres no han venido al mundo para que sus hijas les peguen.

Las madres no han venido al mundo para que sus hijas les peguen.

Detecto algo que huele como a miedo en las personas que no dedican el más mínimo esfuerzo a escuchar a Rocío Carrasco. Tienen miedo, sí. Miedo a que la estructura de ese mundo ideal que les han venido inculcando desde pequeñas se derrumbe, colapse por completo y se queden entonces sin asideros emocionales para enfrentarse al día a día con madurez. Con angustia también, pero, sobre todo —y eso es lo doloroso—, con más verdad. Sin ese engaño de la familia perfecta que nos han vendido desde pequeños. Deshacerse de esos clichés duele. Y para aceptarlo hay que tener valor. Por eso algunos prefieren ponerse de perfil ante este tema y seguir creyendo que esa realidad idílica que parece que lleva implícita todo lazo familiar no existe.

A los tres días de emitirse el primer capítulo de *Rocío. Contar la verdad para seguir viva,* su protagonista recibió una llamada desde Moncloa.

—Consiguieron mi número a través de María Teresa Campos, por lo visto. Y hablé con el presidente. Lo cuento porque fue Teresa la primera que lo admitió. Yo lo llamaba a él de usted todo el rato, y él venga a decirme «Que me tutees». Pero no, yo no. Yo lo llamaba de usted.

Intento sonsacarle un poco más, saber qué le dijo, pero ella no está por la labor.

Miento.

Sí que lo está. Conmigo. Pero no quiere contar nada de manera pública.

Después de todo este tiempo, he escuchado a compañeras decir que Rocío está loca. No lo está. Vamos, lo certifico sin ser yo profesional ni nada de eso. Tildarla de loca es una manera zafia de echar por tierra su testimonio.

Su discurso es sereno. Es tranquilo. No es una mujer chismosa, nunca lo ha sido. Tal vez porque su madre la amenazaba con hacerle la cruz si la veía participar en corrillos destructivos. No en vano, cuando Rocío Jurado era pasto de la prensa rosa por su relación con su segundo marido, le decía en una entrevista a Concha Velasco:

—Yo no soy un chisme. Soy una artista y he luchado durante toda mi vida por ello.

Se lo menciono a Rocío, porque me resulta curioso acordarme de esto justo ahora, y al hilo de eso me cuenta que a su madre le ponía muy nerviosa cuando, después de un concierto, la iban a visitar a su camerino y alguien le decía que cantaba mejor que tal o cual artista.

—Mandó hacer un cartel de madera —me cuenta— con una inscripción que decía: «Aquí no se habla mal de mis compañeras». Y cada vez que alguien intentaba malmeter estando allí, ella se lo mostraba. A lo mejor es verdad que me lo inculcó ella. La verdad es que no me gustan los chismes.

—Será porque has sido víctima de ellos demasiadas veces.

—Puede ser... En mis peores años, recuerdo que pensaba: «Pero ¿por qué me pasa todo esto a mí, si yo no le he hecho nunca daño a nadie?». A veces todavía me lo pregunto. ¿Por qué a mí?

Rocío Carrasco se acostumbró a vivir sin ilusiones, soñando únicamente con que su pesadilla acabara.

—Y hoy, fíjate, te parecerá una tontería, pero me gusta pensar que tengo que ir a trabajar y prepararme una canción o un baile.

—No me parece ninguna tontería. Es lo normal.

Y a mí me gusta verla desde lejos relacionándose con la gente. Y riéndose. Riéndose con ganas. A carcajada limpia. Y me sorprende al tiempo que disfruto cuando la escucho reírse por teléfono, porque el recuerdo que tengo de ella es el de una voz lánguida, perezosa, medicada. Y muy triste. Y me alegro mucho por ella, porque te das cuenta de que la vida siempre puede darte una oportunidad más.

A mí me gusta verla desde lejos relacionándose con la gente. Y riéndose. Riéndose con ganas. A carcajada limpia.

—Dime algo que te haga ilusión.

—¡Viajar a Tierra Santa! —contesta emocionada—. Es algo que quiero hacer desde pequeña. Mi padre me decía: «Cuando apruebes, te llevo», pero como nunca aprobaba, pues me quedé sin viaje.

Entonces se me ocurre otra pregunta, y se la lanzo a discreción:

—Oye, ¿tú eres rica?

Me mira un segundo antes de responder.

—¿A qué viene esa pregunta?

—A que me preocupo por ti.

—Pues no..., no. No soy rica.

—Es decir, la cuestión es: ¿podrías vivir el resto de tu vida sin trabajar?

—No. Yo no —concluye con seguridad y, acto seguido, se vuelve hacia mí—: ¿Tú sí?

—Yo sí.

Ella asiente, como tomando nota, y solo dice:

—Pues qué suerte.

Pasamos un rato al salón porque en el porche corremos el riesgo de morir carbonizados. Hablamos de la gente con la que se relacionaba su madre en vida.

—Fíjate, Rocío, que yo no conocí a tu madre. Quiero decir que solo la traté como artista, pero muy poco además.

—¡Uy! Os hubierais llevado estupendamente.

—Y a Lola Flores jamás la vi en persona. Me da una rabia...

—Yo mis primeras sevillanas las bailé a los siete años con Lola en un Rocío. Era una mujer maravillosa. Venía mucho a nuestra casa y nosotros a la de ella. Cuando quería contarle algo a mi madre que yo no debía saber, arrugaba un poco la boca y me decía: «Niña, tráeme un vasito de agua». Y yo ya sabía que tenía que desaparecer.

—¿Tú has visto lo de Lola Flores y el método?

—No, ¿qué es eso?

Y entonces busco en YouTube una entrevista que Jesús Quintero le hace a Lola, en la que ella pronuncia estas frases que ya son legendarias: «Se puede hacer de todo en la vida. Te das una rayita un día y no pasa nada, te fumas un porro y no pasa nada, te puedes emborrachar un día de vino tinto y no pasa nada. Todo se puede hacer en la vida. Con método».

Es imposible no reírse escuchando a Lola toda seria pronunciando las palabras «con método» como si estuviera descubriendo el misterio de la Santísima Trinidad. Con gravedad dogmática. Con verdad ancestral.

—¡Ay, la Lola! —se ríe con ganas Rocío—. ¡Qué gran mujer!

Me da vergüenza despedir de mi casa a Rocío, pero es que tengo cosas que hacer. No me olvido de que aún me falta descubrir una cosa, de que aún me debe una pregunta.

—Oye, has dicho que te habías prometido que, cuando me tuvieras delante, me preguntarías dos cosas. Una, la de tu tío Amador, vale. ¿Y la otra?

—En un programa te vi contar que, cuando Fidel y yo tuvimos el accidente, él conducía con exceso de velocidad.

—Y eso ¿lo dije yo como información o recogía la información de otro?

—Lo dijiste tú.

—Pues entonces era la información que se manejaba o la que yo siempre había oído.

—Vale. No había más que mirar el atestado para saber que era mentira.

Has cumplido setenta, Mila

Sí, has cumplido setenta. Aunque a ti no te gustaban las fiestas multitudinarias. Invitabas a almorzar en distintas tandas porque tú tenías varios grupos de amigos que te adoraban, aunque yo sé que a quien más querías era a mí. Tampoco me importa que sea mentira, con que yo me lo crea ya es bastante. Pero no es mentira y tú y yo lo sabemos. ¡Ea! ¡Se acabó! ¡Ni Mila, ni Mili ni Milo! ¡Hombre, ya!

El verano que te fuiste descubrí que tú eras mi Margot Fonteyn. Estaba yo una tarde, o una noche, matando el tiempo viendo un documental sobre Nureyev cuando se me encendió la lucecita en la cabeza. Probablemente la historia no será tal y como la vaya a contar ahora, pero sí como quedó registrada en mi cerebro.

Nureyev debería andar por los veintipico y ya era toda una figura de la danza. Margot Fonteyn era una bailarina inglesa que a sus cuarenta y algo había decidido poner punto y final a su carrera. Se había recorrido los principales escenarios del mundo triunfando en tutús y a la reina de Inglaterra ya no le quedaban lazos con los que condecorarla, así que Margot, aburrida de su éxito, optó por retirarse y vivir la vida al lado de un señor al que, años más tarde, asesinarían en Panamá por un turbio asunto relacionado con tráfico de armas o algo igual de feo. Es decir, que mientras la señora se dejaba los pies bailando *El lago de los cisnes,* el marido se hacía rico con negocios muy sucios. Bien mirado, tiene su punto la cosa. Pero a lo que iba.

Que Margot, toda una leyenda de la danza, paradigma de la elegancia, quintaesencia del clasicismo, ejemplo claro de señora que jamás saca los pies del tiesto, recibe una llamada del rebelde Nureyev para bailar juntos. Y la Fonteyn, a la que seguro que le iba la marcha, aceptó sin dudarlo porque imagino que tampoco se vería el resto de sus días tomando el té de las cinco con una panda de maricas aduladoras.

La unión Nureyev-Fonteyn resultó explosiva. No había escenario que se les resistiera. Eran reclamados por todo el mundo y provocaban más pasiones que los Beatles. En Viena, tras una representación, tuvieron que salir a saludar nada más y nada menos que ochenta y nueve veces. Pero aparte del aspecto artístico, se estableció entre ellos una relación que iba mucho más allá de lo amistoso. Se convirtieron en una pareja. Disfrutaban de la vida con pasión y poco parecía importarles lo que se dijera de ellos fuera de los escenarios.

En el documental hubo para mí una escena clarificadora. Se recogían unas imágenes en las que se veía a Nureyev y a la Fonteyn en una comisaría de San Francisco a eso de las siete o las ocho de la mañana. No es que hubieran acudido tan temprano a renovar el pasaporte, sino que habían sido detenidos en un *after* ilegal y se los habían llevado para prestar declaración.

Las imágenes son deliciosas. Nureyev sale con la cara del revés, como si se hubiera metido alguna sustancia —ilegal, por supuesto— que le hubiese caído mal al estómago. Ya me entiendes... Fonteyn, sin embargo, aparece sentada con su abriguito de piel, guantes y sombrero como si tal cosa. Como si estuviera esperando a que una dependienta de Tiffany le mostrara una bella sortija. Diría que incluso sonríe cuando la cámara la capta, como diciendo: «¿Qué creéis, que me da vergüenza que me veáis aquí?». Al rato los vemos abandonar la comisaría descojonándose como dos niños pequeños cuando les levantan un castigo, paran un taxi y se meten en él muertos de la risa. Directos —imagino— al hotel para descansar, no sin antes tomarse una copa para recrearse en lo sucedido.

La muerte de Fonteyn sumió a Nureyev en una profunda depresión. Murieron con dos años de diferencia. Ahora bien: Mila, no me jodas. Ha pasado ya un año desde que te fuiste. Soy tu Nureyev pero con matices, ¿eh? A veces me aburro, pero no tanto como para que mi vida se acabe. Un poco de curiosidad todavía me queda.

Mila, yo a ti te conozco desde que tengo uso de razón. En casa de mi tía Gloria se compraba la revista *¡Hola!* y hubo una época en la que tú salías mucho en ella porque estabas casada con Manolo Santana. Pese a que en aquel entonces yo era un pequeño adolescente, ya tenía mis preferencias. Sabía qué personajes tenían interés y cuáles estaban de relleno, y en aquel momento para mí pertenecías a este último grupo. No me llamabas la atención, ni tan siquiera te veía mona. Creo que porque estabas muy reprimida, intentando aparentar algo que ni remotamente eras: una mujer enamorada feliz de ocuparse de los trajines que da una casa. No transmitías verdad, por eso no conectaba contigo. Tú has sido siempre un volcán insatisfecho, Mila, y solo cuando te has permitido aceptarlo ha irrumpido con una fuerza descomunal toda la belleza que llevabas acumulada dentro y que tapabas para no destacar. Porque dejarla al aire, significarte, hubiera sido aceptar también que habías elegido una vida equivocada. Estoy convencido de que de esa existencia de placer y lujo que disfrutaste en Marbella solo te quedas con Alba. Nunca te referiste con nostalgia a las comodidades de esos años. Sin embargo, te martirizaban todos y cada uno de los momentos que no pasaste junto a tu hija, a la que renunciaste para que tuviera una vida que no estaba a tu alcance.

No es este el lugar para recordar esa historia ni me pertenece escribirla. Solo sé que hubo mucho dolor y muchas humillaciones. Que te pisotearon como ser humano y que se ensañaron contigo de una manera tan cruel como descarnada.

Pero todo eso pasó. Y con los años, tú lograste reconciliarte contigo misma y, lo más importante: Alba no solo no te echó en cara absolutamente nada, sino que siempre te comprendió. Esto no lo sé yo de oídas. Os he visto muchas veces juntas y era un placer disfrutar de vuestra complicidad y de todas esas risas que jamás permitieron que apareciera ninguna nube negra del pasado. Hoy, que es tu cumpleaños, llamaré a Alba, a ver cómo está.

A lo que iba. Que no me hacías especial gracia, Mila. Luego hubo una época que desapareciste del *¡Hola!* y se te veía de vez en cuando dando tumbos por la vida sin ton ni son. ¡Hasta te echaste un novio que era lanzador de cuchillos! Aparecías y desaparecías cada vez con mayor intensidad. Hasta que una vez…

Estábamos trabajando en *Aquí hay tomate*. Debíamos inventarnos algo potente para la primera semana de septiembre porque Ana Rosa Quintana volvía de vacaciones en la otra cadena y teníamos que prepararle un caluroso comité de bienvenida para hundirla. No sé a quién se le ocurrió tu nombre, que ya tuvo su mérito, porque llevabas varios años desaparecida. Pero el caso es que Raúl Prieto quedó contigo en un club de Sevilla y te hizo una entrevista sobre la Pantoja. Tiempo después, Raúl me contó que llegaste con unos zapatos muy humildes y a mí eso me desarmó, porque es de esa clase de detalles muy clarificadores sobre cómo le está yendo la vida a una persona. A ti, desde luego, parecía que no muy bien.

La entrevista fue un bombazo. Y te comenzaron a llover ofertas de trabajo: colaboraciones en programas de televisión, entrevistas muy bien pagadas. De todo. Y te sumergiste en esa vorágine como solo tú sabes hacerlo: sin concesiones. Fueron años de dolor y gloria que sirvieron para que liquidaras todas las deudas que venías arrastrando desde hacía tiempo, muchas de ellas con Hacienda. Y para disfrutar con tu hija de cosas que antes ni se te hubiera pasado por la cabeza porque no tenías ni un euro. Literal.

Tras esos años de bonanza, algunos meses de paro por la finalización de algún programa y, entonces, lo que tú siempre habías esperado: la aparición de un espacio en el que pudieras demostrar lo que valías. Tus plegarias fueron, por fin, atendidas. Llegó *Sálvame*.

Desde que llegaste yo tenía muy claro que tu sitio estaba entre nosotros. Una mujer con mucho pasado, un presente incierto, un futuro inexistente, una pizca de desencanto con ribetes de esperanza y, fundamentalmente, nada que perder. Varias combinaciones explosivas para un programa que se había convertido en un reducto de los «sin techo televisivos» que, pese a todo, seguían creyendo en el futuro. Conecté muy pronto contigo, quizás, ya te lo he dicho, porque reconocía a otra persona tan atormentada como yo. Los dos nos detectamos y para ambos fue providencial, porque nos dimos cuenta de que los tormentos compartidos se convierten en meras marejadas que pueden llegar a dominarse cuando encuentras asideros importantes. Tú lo fuiste para mí muchas veces. Sé que yo también para ti.

Cuando empezamos a intimar, en *Sálvame,* eras una mujer muy resentida. Hasta envejecida, diría yo. Recuerdo que acabábamos en bares hasta las tantas de la madrugada y tú me decías que, cuando tuvieras suficiente dinero, me darías una entrevista gratis contando todas las humillaciones que te habían infligido esas personas que en las revistas aparecen descritas como pertenecientes a la buena sociedad. Necesitabas desahogarte, hacer público tu dolor para enterrarlo. Hacer públicas las injusticias a las que habías sido sometida por parte de esas señoras y esos señores que se venden como representantes de lo correcto de toda la vida. Vivías, además, atemorizada por lo que se pudiera contar de ti. Había una mujer que te amenazaba con desvelar que habías estado con ella y tú te morías de vergüenza imaginando que la señora se sentara en un plató a contarlo. Hasta que un día te dije:

—Mira, Mila, basta ya de tonterías. Mañana en el programa te vas a dirigir a esa señora y vas a decirle que sí, que seguramente estuviste con ella, pero que no te acuerdas. Y ya verás cómo se acaba todo.

Así fue. Al día siguiente, Mila, que era una actriz magistral, lo dio todo frente a la cámara:

—Mira, cariño, sé que estás contando que hemos estado juntas, pero, chica, es que no me acuerdo. Seguro que hemos estado, pero de verdad que no me acuerdo. Lo siento de veras. Te envío un beso.

Y la amenaza se fue a tomar por saco. Nunca más volvimos a saber de ella. Yo le quitaba miedos a Mila y ella hacía lo mismo conmigo. Juntos éramos, por primera vez, mucho más seguros emocionalmente. Con menos temores.

Conforme iban pasando los años, esa mujer resentida que era la Mila que conocí al principio de *Sálvame* fue desapareciendo y dio paso a una persona explosiva, divertida, única, con un sentido del espectáculo tan marcado que era capaz de inmolarse tarde tras tarde con tal de que el programa saliera adelante. Mila Ximénez es una de las mejores profesionales de la televisión que he conocido en mi vida. Arrimaba el hombro siempre que se le pedía, estaba dispuesta a lo que fuera por ese *Sálvame* que no solo la había salvado profesionalmente, sino que la había convertido en una mujer mucho más feliz de lo que ella creía. Solo había una cosa que detestaba: que la disfrazaran. No lo podía soportar. Una vez, estando ella en *Gran Hermano VIP,* la hicimos disfrazar de abeja y se cogió un rebote de los suyos. Y cargó contra mí y me puse muy triste porque pensé que no me lo merecía. Aproveché para escribirle desde mi blog una carta para que la leyera cuando saliera:

Querida Mila:

Esta mañana del sábado 26 de octubre me ha costado levantarme de la cama. Y eso que ayer a las once de la noche ya estaba durmiendo. Pero hasta las diez no he sido capaz de ponerme en marcha. Ayer viernes me desperté con un dolor de cabeza terrible que me acompañó de manera intermitente durante todo el día. Ese fue el regalo que me dejó una gala tan intensa como extenuante, de las que a mí me gustan, aunque luego me dejen un día agotado.

Después de la gala del jueves, he pensado que estaría bien escribirte una carta que pudieras leer cuando te toque abandonar el concurso. Una carta escrita con la tranquilidad que proporciona haber reposado una noche tan conflictiva emocionalmente como la que vivimos el jueves.

Antes de continuar escribiendo, quiero que sepas que ayer llamé a tu hija Alba y a tu hermano Manolo para tranquilizarlo porque a lo mejor han podido pensar que tu paso por el programa puede afectar a nuestra amistad. Pero no. No solo no nos va a afectar, sino que enseguida nos echaremos muchas risas recordando episodios de esta edición.

Cuando me enteré de que el jueves te íbamos a proponer vestirte de abeja reina, me eché a temblar. Te conozco, amiga, y sé que cuando coges un carril es difícil sacarte de él. Difícil, pero no imposible. Nos pasa cuando nos vamos de viaje. Las primeras horas gruñes por todo lo que se menea: porque no te ha dado tiempo a secarte el pelo, porque el avión sale muy temprano, porque el avión sale muy tarde o porque quieres irte de la televisión.

Este es uno de tus discursos más recurrentes y uno de los más equivocados, porque el día que te retires envejecerás súbitamente. Tienes marcha en el cuerpo para dar y regalar, así que te quedan como mínimo unos veinte años dando guerra. El caso es que los que te conocemos sabemos que de primeras siempre te quejas. Y sabemos también que, en estos casos, lo mejor es no hacerte caso y que descargues.

Una vez expulsados esos nubarrones que aparecen de manera periódica en tu mente, te conviertes en una de las mujeres más divertidas que conozco. Eso es lo que te falta en la casa. Alguien que te tienda la mano y que te ayude a salir de ese estado de tristeza que te corroe demasiadas horas al día. Pero confío en ti y sé que todavía nos vas a deparar muchísimas sorpresas positivas.

Hacía referencia al traje de abeja reina. ¿Qué os propone *Gran Hermano VIP* con situaciones como esta? Que os enfrentéis a vuestros miedos o a vuestros ridículos. Que los miréis cara a cara y digáis: «Yo puedo con esto y con todo lo que me echen». Os ofrecemos oportunidades para que crezcáis, porque, cuanto más brilléis vosotros, más brillará el programa.

Todos los que nos dedicamos a la televisión queremos que el producto final sea espectacular, y eso no se consigue si nos veis como vuestros enemigos. Somos aliados y luchamos por un mismo fin: entretener. Pero el jueves no lo entendiste y te enfadaste, una vez más. Tenías una oportunidad para salir reforzada y la desaprovechaste.

Y amenazaste con abandonar diciendo: «Este no sabe quién soy yo», cuando ese «este» era yo, uno de tus mejores amigos. Me dolió tanto que en la publicidad tuve que luchar para que no se me saltaran las lágrimas, por eso a la vuelta no pude evitar contarte cómo me sentía. Y sé, porque te conozco, que lo pasaste mal. Porque me quieres mucho y porque me notaste, más que enfadado, decepcionado. Y porque sé que uno de tus más elementales y equivocados mecanismos de defensa es arremeter contra quien bien te quiere.

No me siento incómodo por haberte empujado a concursar en *Gran Hermano VIP*. Lo volvería a hacer aunque, por ahora, pienses que no te está compensando, que como experiencia es una porquería. Porque sé que llegará el momento del arrepentimiento y pensarás: «¿Por qué no fui capaz de disfrutar?». Como amigo tuyo, lo único que espero es que te des cuenta de eso antes de que se acabe el concurso.

Ojalá tuvieras pinganillo y pudiera llegar a hacer cinco minutos diarios de terapia contigo. Entonces, la audiencia se enamoraría de ti y ganarías el concurso de calle. Cuando veo a Adara, a Estela o a Joao pasárselo tan bien, sonriendo y divirtiéndose, pienso en cómo me gustaría escuchar tus risas dentro de la casa. Ya que no las tengo fuera, me ayudaría a llevar mejor tu ausencia.

El miércoles dije en *Sálvame* —ya no sé si en el *Limón, Naranja* o *Banana*— que no sabías ser feliz. Cuando volví a casa, me quedé mucho tiempo pensando en esa frase, y me parecía muy dura. Pensaba que te iba a hacer mucho daño si te la ponían cuando salieras. Por eso quiero aprovechar estas líneas para explicártela mejor. Creo que sí sabes ser feliz, pero necesitas que te lo recuerden.

Tienes unos hermanos que te quieren, una hija que te adora y unos nietos que presumen de abuela que sale en la tele y que se disfraza de gallina. Tienes un trabajo que te llena. Eres una profesional muy reconocida. Y por si eso fuera poco, tienes unos amigos que siempre están pendientes de ti, dispuestos a recogerte cuando te sientes perdida. Y quiero que valores eso. Que cuando te encierras en tu casa los fines de semana a ver series en tu cama, no lo haces porque no tengas con quien estar, sino porque ese es el plan que más te apetece. No llevas la vida que puedes, sino la que quieres, y eso lo puede decir muy poca gente. No sé cuándo saldrás. De lo que sí te darás cuenta cuando lo hagas es de la cantidad de gente que te estamos esperando fuera.

Te quiero.

Nuestros enfados duraban muy poco, a excepción de uno que se prolongó durante algunos meses por mi cabezonería. Estando yo presentando la final de una edición de *Acorralados,* recibí en mi móvil unos mensajes tuyos que me decían algo así como: «Eres un paleto. No, peor. Eres un cateto de Badalona venido a más». Yo me puse como las cabras y dije que nunca más volvería a trabajar contigo. Y eso que por aquella época ya éramos amigos. Me sentí muy ridículo cuando recibí los mensajes. Me parecieron humillantes al venir de una persona a la que ya quería tanto.

Mi enfado provocó tu desaparición y la reconciliación se produjo durante una cena en El Paraguas. Me acuerdo de que llegaste, dijiste que estabas muy nerviosa y te pediste un *gin-tonic*. No recuerdo nada más. Solo sé que volviste al trabajo inmediatamente y que volvimos a ser los de antes.

No tendrías que haberte muerto tan pronto, Mila. Cinco años más, con cinco años más que te hubieras quedado nos hubiésemos conformado. Estabas en la plenitud de la vida, de vuelta de todo e ilusionada con retocarte ese cuerpo que había sido de bandera en su juventud.

Decías cada dos por tres que querías dejar el trabajo, pero yo creo que te fuiste sin reconocer el nivel de enganche que tenías a él. Eras feliz trabajando porque podías mostrar varios registros y te liabas la manta a la cabeza cuando la cosa estaba aburrida. Ahí te crecías como solo saben hacerlo las grandes, porque eras capaz de poner boca abajo el plató con una tontería con tal de que el programa adquiriera nervio, brío. Luego te quejabas de lo duro que era todo, de que solo faltaba que los jefes os hicieran una traqueotomía en directo y que como a tu edad ya no te compensaba nada de eso, te ibas a comprar una casa en Tánger y a escribir novelas. Tonterías. No sabes lo que te echamos de menos, Mila. Tanto tanto tanto que no hablamos de ti. Quizás porque pensamos que estás en un *reality* o viendo a tus nietos en Ámsterdam, y que cuando menos lo esperemos te veremos sentada de nuevo en el plató.

Una de las cosas que más me atraía de ti, Mila, era la capacidad que tuviste de darle la vuelta a las malísimas cartas que te habían tocado en la vida. De ser una figura rutilante en Marbella pasaste a ser una proscrita, diste varios tumbos buscando cobijo por casas de varios amigos y durante muchísimos años estuviste viviendo en Granada con tu hermana Nani. Yo siempre intentaba conocer más detalles de aquella época, pero tú te ibas por las ramas. ¿Qué pensabas? ¿qué no me daba cuenta? Me intrigaba saber qué hacías. Cómo te entretenías. ¿Sufriste? ¿Te sentiste olvidada? No tenías trabajo, no tenías dinero. No tuvieron que ser años fáciles, Mila. Por eso no me los quisiste contar. Solo sé que no te cansabas de repetir que un día volverías a la televisión. Y también sé que nadie te creía.

Mientras triunfabas, muchas personas que te dieron la espalda durante los años más oscuros de tu vida observaban con desconcierto y envidia tu renacer. Alcoholizados unos, infelices otros. Jamás le perdonaste a aquella persona que un día le dijera a tu hija Alba: «Lo que me preocupa de tu madre es que no tiene dónde colgar el sombrero». Fue una frase que se te clavó en el alma, sobre todo porque se la dijeron a quien más querías. Aunque luego la vida, tan hija de puta, se encargaría de hacer de las suyas. Esa persona archimillonaria se arruinó y ha acabado viviendo en un modesto piso de una ciudad del sur de Madrid. Alejada de todo lujo. Casi olvidada. Mientras tú triunfabas en la televisión y alguna vez hasta quedabas a cenar con ella. Cena que siempre acababas pagando.

10

El otro Jorge Javier

Dice mi psicóloga que no sé estar triste. Que tengo que aprender a bregar con ese sentimiento. Y que también tengo que aprender a aburrirme. Aburrirme no me importa, pero estar triste ya es otra cosa. Además, no sé muy bien qué significa estar triste. Yo creo que ella tampoco, pero me lo dice. Con lo que le pago, alguna cosa tendrá que aconsejarme.

Lo digo en broma. Ella ya ha aprendido que a veces en la vida no pasa nada y que es ahí, precisamente cuando no pasa nada, cuando uno encuentra la felicidad. Pero nos hemos empeñado en confundir la felicidad con la alegría que produce el descorche de una botella de champán, y así estamos la mayoría del tiempo. Amargados. Vivir es vivir y de vez en cuando pasan cosas. Punto.

—Fíjate en tus perros, Jorge —me dice Silvia—. Comen, duermen, juegan y de vez en cuando follan.

Lo demás son películas que duran dos horas y tardan meses en rodarlas. O sea, una mentira. Pero a lo que vamos: ahora viene mi psicóloga y dice que tengo que aprender a estar triste. Tócate los cojones. Pues no estaría de más que en algún plan de estudio apareciera esta asignatura. La de quebraderos de cabeza que nos ahorraríamos.

Cuando eres más pequeño, el estar triste te parece hasta romántico y puedes dedicar esa tristeza al chico que te gusta, y así él se fijará en ti y acabaréis juntos hasta la eternidad. Pero, a mi edad, la tristeza tiene poca gracia, porque ya puedes dedicarle el sufrimiento al chico que te gusta, que el chico seguirá pasando de ti y encima el mundo no será mejor. Más llevadero quizás, pero no mejor. La tristeza. De repente te engancha y te pega unos meneos que te deja seco. Y qué lata da hasta que te suelta, por Dios.

Jorge Javier, el de la tele, nunca está triste porque siempre tiene que estar pendiente de alguna cosa: de una orden que recibe por el pinganillo, del comentario de algún colaborador, de mirar el reloj para ver cuánto queda para llegar a casa y ver a los perros.

Yo no sé qué hubiera hecho sin el Jorge Javier de la tele. Y eso que a veces me saca de los nervios porque me mete en unos berenjenales de difícil salida, pero es que él es así. Si no está en guerra, no se divierte. Por mí, ya, que haga lo que quiera. Antes sufría mucho por él, pero ahora he aprendido que las batallas se libran en los campos de batalla y que se tiene que hacer todo lo posible para que en mi casa no entre ni una sola de las preocupaciones que él provoque. Hay mucha gente que piensa que el Jorge Javier de la tele está por encima del bien y del mal.

No. El Jorge Javier de la tele ha conseguido aprender después de muchos años que no le puede gustar a todo el mundo. Y una vez aceptas eso, vives con mucha más tranquilidad. No es vanidad. No es soberbia. De acuerdo, no te gusto, pues dime tú qué puedo hacer yo. Me gustaría gustarle a todo el mundo, claro que sí. Claro que me importa lo que opinen los demás, pero no puedo obligarles a que les guste lo que haga o cómo sea.

Yo no sé qué hubiera hecho sin el Jorge Javier de la tele. Y eso que a veces me saca de los nervios porque me mete en unos berenjenales de difícil salida, pero es que él es así. Si no está en guerra, no se divierte.

Del Jorge Javier de la tele se comenta que es uno de los mejores en lo suyo. Él dice que es el mejor porque le gusta mucho jugar y provocar, pero yo, que lo conozco, sé que se conforma con seguir trabajando. Es de los que cada vez que lo llama algún jefe piensa que es para reñirlo. A veces no se equivoca. También dicen que tiene mucho poder y que se carga a la gente según le conviene. Ya he explicado que no es verdad, pero algunos medios siguen erre que erre con esa idea y, por mucho que les asegures que están equivocados, no se bajan del burro. Prefieren no escuchar para que la historia que llevan fomentando durante años no se les vaya al traste.

Sí, vale, en el aspecto profesional me gusta provocar. La polémica. En eso soy lo opuesto a mi padre, que era la discreción personificada. Le gustaban los toros, y entre Ordóñez y Dominguín se quedaba con el primero porque era más sobrio, más austero. Detestaba la chulería de Dominguín, que cuando acababa la faena se paseaba por el ruedo levantando el dedo índice, dejando bien claro que él era el número uno. Esa muestra de poderío exacerbaba a mi padre y a mí me fascinaba porque soy de los que piensan que para no beberte la vida pues mejor no nazcas. Hay que liarla, joder, que solo se vive una vez. Hay que liarla y remover el cotarro siempre que se pueda. Decir de uno mismo que te consideras el número uno es un juego. Un juego que solo entienden los inteligentes. De hecho, es que todos mis seguidores son inteligentes. Los que no me siguen no es porque no les guste, sino porque no tienen capacidad para pillarme. Esto es así.

Años atrás el de la tele y yo éramos la misma persona, pero dejamos de serlo porque ambos sufríamos mucho. Así que decidimos separar nuestros caminos y nos va mucho mejor. Yo me pongo a leer sobre el Jorge Javier que sale en la tele y es como si lo hiciera sobre otra persona, fíjate qué capacidad de desdoblamiento he conseguido. Pero para lo bueno y para lo malo, no te creas. No me rebelo cuando escriben muy mal sobre él. Lo acepto.

Cuando leo alguna mala crítica, puedo llegar a pensar: «Fíjate lo que escriben sobre este tío, es terrible». Pero ya no me subo por las paredes como antes. Debe ser un mecanismo de protección que vas creándote con los años. Y funciona, ya te digo yo a ti que funciona. También tengo que decir que me han hecho malas críticas tan incuestionables que no me ha quedado otra que decir: «¡Coño! Qué razón tienen». Y aunque la gente se piensa que no escuecen, no es verdad. Si eres alguien inteligente —yo lo soy—, te empujan a ponerte la pila.

Por otra parte, me da mucho apuro que escriban cosas bonitas sobre mí. Cuando uno tiene tantas zonas oscuras que resolver, cree imposible que los demás sean capaces de ver algún elemento que brille. Yo soy muy vulnerable, pero la gente no lo percibe porque dicen que el de la tele tiene una personalidad arrolladora. A mí no me gusta ir por la calle con él porque todo el mundo lo mira mucho y yo me muero de la vergüenza. Pero entonces pienso que es a él a quien miran y no a mí, y es ahí cuando me relajo. E incluso soy capaz de contestar si me hablan.

Cuando uno tiene tantas zonas oscuras que resolver, cree imposible que los demás sean capaces de ver algún elemento que brille.

Decía que el Jorge Javier de la tele nunca está triste y es verdad. No tiene tiempo para estarlo. Y es una persona muy segura de sí misma, que tiene todo bajo control y que posee las suficientes tablas para hacer frente a cualquier cosa que ocurra en directo. Me gusta que digan que tengo tablas. Es una expresión que utilizaba mi padre para hablar de algunos artistas y ahora la dicen de mí. Él se sentiría muy orgulloso de las tablas de su hijo. De mi padre, por cierto, he heredado esos prontos de humor que me convierten en un ser iracundo, yo que soy un trozo de pan. De repente me agarro tales cabreos que parece que se va a acabar el mundo, pero con las mismas desaparece el enfurecimiento y me da hasta vergüenza haberme puesto como me he puesto. Cada vez me pasa menos, porque detecto qué tipo de personas van a sacarme de mis casillas y hago entrenamientos mentales para que, llegado el momento, no consigan sus objetivos. Porque en esto de la televisión hay provocadores natos y han encontrado en mí un filón. Los tengo calados.

Primero me saludan con mucho cariño antes de entrar en el plató y, una vez dentro, comienzan a cuestionar cualquier cosa que digo, hablan por encima de mí y siguen y siguen hasta que digo basta y pierdo los papeles. Entonces la lío y al día siguiente los medios me dan hostias por prepotente. Antes era más novato y caía más en las provocaciones de estos profesionales. Ahora, como los huelo, he aprendido a que no me desestabilicen. Cuando empiezan a hablar con la intención de sacarme de mis casillas inmediatamente me pongo a pensar en otra cosa, da igual lo que sea, digo que sí con la cabeza como si los escuchara y cuando terminan les doy las gracias. Fin.

Siguiendo esta regla, el Jorge Javier de la tele se ha ahorrado muchos berrinches. Pero cuando vuelvo a meter la pata me enfado conmigo mismo y me pregunto que de qué me sirven tantos años de experiencia en la tele. Y vuelvo a casa pensando siempre en lo mismo, que igual ya es hora de dejarlo porque un día la liaré tan grande que no tendrán más remedio que echarme. Y así voy machacándome hasta que llego a mi casa, me desmaquillo a toda velocidad e intento dormirme lo más rápido posible para apaciguar la vergüenza mientras pienso que al día siguiente las hostias me lloverán como panes. Y voy avisando al Jorge Javier de la tele para que esté preparado.

Cuando el Jorge Javier de la tele llega a su casa, le falta tiempo para acariciar a sus perros. Cuando tenía novio hablaban, se reían, tomaban unas copas de vino y se emborrachaban juntos y, casi siempre, no sé por qué, acababan viendo un capítulo de *Madrileños por el mundo.* Luego se iban a la cama y se hacían la cucharita. Jorge Javier abrazaba mucho a P., pero tenía miedo de que el resto de su vida fuera a ser siempre igual. Como si la que estaba viviendo no le hiciera razonablemente feliz. Ahora no sabe qué hubiera pasado si en vez de romper por lo sano se hubiesen sentado a hablar. Quizás hubieran sido capaces de encontrar el amor que todavía quedaba. A lo Antonio Machado:

Creí mi hogar apagado,
y revolví la ceniza...
Me quemé la mano.

Ahora que no tiene novio, el Jorge Javier de casa suele meterse en la cama muy pronto. Antes pasa un tiempo acariciando a los perros y, cuando están más o menos dormidos, sube a la habitación y se mete en la cama a eso de las nueve y media o diez de la noche. Le gusta ese silencio y esa tranquilidad. La agradece después de escuchar tantos ruidos en los platós. Se siente a salvo, muy protegido. Se despierta sobre las seis y media o las siete y lo primero que hace es hablar con Belén Rodríguez sobre cualquier cosa, y siempre acaban riendo. Luego cafés, conversación con P., entreno, trabajo. Una vida rutinaria, como la de cualquier otra persona. Y los domingos, como el resto de los mortales, también le matan.

Queda con poca gente, porque desde que lo dejó con P. ya no le gusta hacer muchos planes. Se encuentra cómodo en su casa y no le hace mucha falta relacionarse con otras personas. Cree que esa necesidad de estar solo se ha acrecentado tras la pandemia, pero desde hace algún tiempo siente que debe hacer todo lo posible por volver a recuperar la curiosidad. La pandemia le ha pasado factura y es consciente de ello. Para empezar a volver a tomarle el pulso a la vida, se ha organizado un verano en el que apenas pasará un par de días o tres. Al principio le hizo mucha gracia la idea, pero luego empezó a entristecerse al pensar que iba a pasar tanto tiempo sin ver a sus perros. La verdad es que el Jorge Javier que no sale en la tele es un quebradero de cabeza constante. Él no se da cuenta, pero era una de las cosas que más le decía P., que cambiaba de idea cada segundo.

¿Imaginaba Jorge Javier que la vida era otra cosa cuando era pequeño? Sí. Pensaba que era más fácil, menos complicada. Sin grandes preguntas a las que hacer frente. Yo creía que esto de vivir se trataba de vivir y punto, pero que tampoco te pasabas gran parte de la existencia preguntándote si la vida que llevas te gusta o si estás enamorado de la persona con la que convives. Porque a mí me preguntan y, francamente, pues no sabría qué contestar sobre cómo es mi vida. Gracias a mi trabajo he vivido momentos inolvidables, sensaciones únicas, situaciones que la mayoría de los mortales no tendrán la oportunidad de experimentar. Pero entiendo que hay otras vidas aparte de la que llevo. ¿Y cómo deben ser?

Tienes que aprender a ir adaptándote al olvido poco a poco, con cuidado, para que cuando llegue ya casi no te des cuenta de que no eres nada para nadie.

Siempre he pensado que mi profesión exige un proceso de desintoxicación antes de abandonarla. Tienes que aprender a ir adaptándote al olvido poco a poco, con cuidado, para que cuando llegue ya casi no te des cuenta de que no eres nada para nadie. La televisión provoca amores y cariños que poco tienen que ver con la realidad. La gente se encariña contigo por la razón que sea, y cuando te lo hace saber es muy reconfortante. Pero llega el día en el que tú empiezas a notar que ese cariño lo provocas cada vez en menos personas, y lo que tienes que hacer de una manera muy sensata es ir yéndote despacito, sin enfados, sin reproches. Dando las gracias por todo lo que te han dado y no echándoles en cara lo que están empezando a dejar de darte. Por eso son tan importantes las despedidas y saber hacerlas bien. Una vez que te vas, procura no volver. Solo te provocarás más daño, y en aquella audiencia que un día te quiso, compasión.

Ha sido este un año especialmente duro para nosotros en la televisión. Como ya he contado, *Sálvame* no ha tenido la audiencia que esperábamos y se han disparado las alarmas. Parecía que de una semana a otra iba a desaparecer de la parrilla. ¿Cómo se prepara uno para afrontar una situación como esta? Pues ya me gustaría a mí saberlo. Con mucha incertidumbre. Durante esos días me puse a imaginar qué sería de mi vida, y lo cierto es que no tenía las cosas muy claras.

Lo primero, dejar pasar un tiempo para recomponerme. Son trece años haciendo diariamente un programa de cuatro horas. Muchos años. Muchas horas. Tiempo y horas suficientes para tomarse un descanso y decidir por dónde tirar. ¿Hacia dónde? Ahí puede estar la gracia. Volver a sentirse joven. Reinventarse.

Durante aquellas semanas de inquietud aparecieron varios artículos en los que se hablaba del fin de la era de Jorge Javier. Si tengo que ser sincero, no me inquietaron. Estoy muy preparado para el adiós. A veces tengo la sensación de que se está produciendo la transición que se produjo del cine mudo al cine sonoro, y lo que tengo muy claro es que yo no quiero acabar como aquella Norma Desmond de *Sunset Boulevard.* Ese niño que vivía en San Roque y que veía la tele en blanco y negro jamás pudo llegar a imaginar que trabajaría tantísimas horas en la tele en color. He asistido con sorpresa a cada peldaño que he subido en mi carrera. Jamás he pensado que me lo merecía: simplemente sucedía, vaya usted a saber por qué. Pese al ruido y la polémica que se genera a mi alrededor, me gusta vivir sin estridencias cuando no estoy trabajando, así que tengo un cacao mental considerable. Dominguín en el trabajo y la reina emérita en el hogar. Conjuga tú eso.

En esta profesión, lo mejor es no esperar ni pensar. Aguantar, que te vayan dando trabajos y, en la medida de lo posible, no rechazar ninguno. Me gustaría ofrecer una versión mucho más romántica de la televisión, pero es que estaría faltando a la verdad. Tienes que trabajar, como los pilotos, coger horas de vuelo y que cuenten contigo para la mayor cantidad de proyectos posibles.

Decía que estaba preparado para las despedidas. Así lo creo. Sé que lo mío no es vitalicio, faltaría más. O sí, vete tú a saber, a lo mejor soy tan bueno que hay manifestaciones multitudinarias en las principales ciudades de España para que no desaparezca de la televisión nunca jamás. Y el día que me muera pues me embalsamarán como a la momia de Lenin para que las generaciones futuras no se olviden del verdadero revolucionario de la televisión. Y las carrozas del Orgullo pasarán delante de mí para reconocer lo que supuse para todo el colectivo. Eso ya una vez muerto.

Pero lo que tengo muy claro estando vivo es que, cuando lo mío se acabe, no quiero ir a programas de entrevistas, homenajes y cosas de esas. Estando con amigos siempre bromeamos con la idea de que cuando uno deja la tele lo peor es que te llamen de un programa que se llame *¿Qué pasó con?*, o algo parecido. Cuando se dice adiós, se dice adiós del todo. Y yo quiero dejar que el Jorge Javier de la tele, que tanto me ha dado, se vaya diluyendo y se quede en mi vida como un vago recuerdo. Echo de menos llorar mucho. Pedir un abrazo. Acurrucarme en los brazos de mi madre. Echo de menos que me echen de menos y que me digan

Cuando se dice adiós, se dice adiós del todo. Y yo quiero dejar que el Jorge Javier de la tele, que tanto me ha dado, se vaya diluyendo y se quede en mi vida como un vago recuerdo.

con una sonrisa que todavía se acuerdan de mí. Echo de menos estar tardes y tardes con mis hermanas comiendo pipas hablando de nada. Echo de menos acordarme del que fui con una sonrisa y decir sin nostalgia: «Ay, Jorge Javier, las que liabas».

Pero creo que todavía no ha llegado el momento. Mientras tanto, tengo que aprender a estar triste, dice mi psicóloga. Pero a mí es que estar triste me pone muy triste y solo lo arreglo yéndome a dormir. Y como siga así, se me va a poner un cutis tan terso que me van a pedir el carné de identidad para entrar en las discotecas.

Este fin de semana viene mi madre a casa para quedarse una temporada. Cuánto la necesito a mi lado. Ahora, no sé por qué, más que nunca.

11

Antes del olvido

Una noche cualquiera viendo *First Dates* con mi madre. Salen dos gais. Se preguntan por los roles. Esta es la mía.

—Mama, cuando un gay dice que es activo, ¿qué quiere decir?

—Pues que es al que le gusta hacer cosas de la pareja. Moverse, ser decidido, *echao palante.*

—¿Y el pasivo?

—Pues el que es más apocado de los dos.

—No, mama. El activo es el que la mete. Y el pasivo el que recibe. Y si te gustan las dos cosas es que eres versátil.

—¡Ah! Pues muy bien.

Pasa un rato.

—Mama, ¿cómo se llama el que la mete?

—Activo.

—¿Y el que recibe?

—Pasivo.

—¿Y al que le gustan las dos cosas?

—...

—¿No te acuerdas?

—¡Espérate! —me manda callar—. Pues mira, no. No se me ha quedado la palabra.

—Versátil, mama. Si te lo acabo de decir.

—¡Ay! Pero yo ya soy muy mayor y hay cosas que se me olvidan.

—Pues apúntatelo, porque te lo volveré a preguntar otro día.

Hace muchos años, casi veinticinco, llevé a mi madre de vacaciones a Turquía. Después de un agotador día recorriendo la Capadocia, estando cada uno en su camita porque compartíamos habitación de hotel, le pregunté, en la oscuridad de la noche:

—Mama, ¿cómo se llama lo que hemos visto hoy?

—La Pagadocia.

Lo escribo y me río casi con la misma fuerza que me reí aquella noche. Y la risa iba en aumento conforme notaba cómo pronunciaba las palabras en bajito a ver si daba con el nombre verdadero:

—Pagadocia, Padagocia...

—¡Capadocia! —la rectifiqué como pude.

Y seguí riendo y riendo.

Mi madre ha venido a pasar una semana en mi casa antes de que me vaya de vacaciones. Estoy de baja con una laringitis (otra) post-covid y feliz porque puedo estar a su lado sin el agobio de tener que irme al trabajo. Vemos *First Dates*. Sale el camarero argentino con su melena rubia.

—Un novio así te tienes que echar. ¡Qué guapo!

¿Cómo me conocerá tanto? Me apasiona Matías. Sueño con que me posee en la incómoda mesa de la cocina, en el descansillo de las escaleras que van a mi habitación, en mi cama. Que le poseo yo a él mirándole a los ojos en cualquier parte. Me imagino pasando veranos en preciosas estancias en Argentina, en una casa bonita y grande con caballos. Y él sale a pasear al atardecer a lomos de uno de ellos y yo me quedo en el porche disfrutando con la estampa: la melena al viento de mi amado recortándose contra el atardecer argentino. Leo a Proust en una mecedora hasta que, recién empieza la noche, vuelve mi Matías dispuesto a colmar mi vida de obras y pensamientos inconfesables.

—¿Cuántos años crees que tendría que tener como mínimo mi novio?

—Pues si ya te lo he dicho muchas veces, unos cuarenta y cinco o así.

—Hostias. Qué mayor. ¿Treinta?

—Me parecen muy pocos. Cuarenta estaría bien. Doce años no son muchos de diferencia.

—Mañana me voy a hacer el láser —cambio de tema— en los huevos, la picha, el culo y el ojete.

—¡Ay! Qué vergüenza, por Dios. Yo no sé cómo os hacéis esas cosas.

—¿No te atreverías a hacerte tú el chochete?

—¡¿Yo?! Ni aunque me pagaran todo el oro del mundo.

—¡Pero si están hartas de verlos!

—Sí. Pero no el mío.

Cuando empecé a pensar en este libro, se me ocurrió que debía llamarse *Antes del olvido.* No quería que llegaran a perderse estas historias que me suceden cada vez que veo a mi madre, que tiene ya ochenta y dos años y al verla tan bien pienso que nunca se irá. Yo sé que no se va a ir nunca, pero como soy un hombre previsor, quiero que me hable, hablar yo con ella. Tanto como pueda. Para tenerla siempre cerca y que siempre esté a mi lado, que es su lugar natural en el mundo.

Que me ha dicho el Jorge que se va a poner a escribir otra vez y que quiere que le cuente mi vida.

—¿Otra vez vas a escribir sobre nosotros? —le he preguntado yo—. Pues conmigo no cuentes, porque mi vida es mía. Hijo, de verdad, ¿no podrías escribir una novela bien bonita, como hace todo el mundo? Es que

yo no sé qué va a acabar pensando la gente, yo creo que hablas mucho de nosotros, tendrías que inventarte algo nuevo.

Me ha dicho que muy bien, pero que vaya haciendo memoria. Qué terco es, se parece a su padre. Bueno, y a mí, que también soy muy cabezona, pero me da rabia que me lo digan. Y más él, que, aunque nos vemos poco, me conoce como si me hubiera parido, coño.

A ver, soy su madre. Pero sí que me conoce el tío, sí.

Yo no sé si es por eso de que los que son como él tienen una conexión muy estrecha con sus madres. Y eso que yo nunca he sido como esas pesadas de abrazar y de dar besos y decir continuamente «te quiero». Quita, quita. Cuando hacía los deberes por las noches se sentaba a mi lado mientras zurcía y no hablábamos, pero qué bien estábamos. Sería un crío, pero a mí me venía muy bien que se quedara hasta tan tarde, porque siempre he sido muy miedosa.

Ahora me lo imagino en esa casa tan grande de Madrid. Solo. Sin novio. Y sufro, cómo no voy a sufrir. Porque las madres siempre sufrimos. No me iba yo a vivir a esa casa ni que me pagaran todo el oro del mundo. Pero, claro, un novio, si le gustan tan jóvenes, pues lo va a tener difícil, porque él ya tiene sus cincuenta y dos años. Que es muy joven, pero como le gustan los de veintiocho... Yo qué sé. Con todo lo que tiene y a veces no lo veo feliz, se lo noto cuando se queda serio y con la mirada perdida.

—¿En qué piensas, Jorge?

—En nada —me responde casi siempre.

Y yo sé que cuando me dice eso es que está trajinando algo. Yo veo a mis hijas siempre tan contentas, con menos lujos, pero él... Bueno, es que también trabaja mucho. Yo le digo que aproveche, que esto algún día se acabará. Me ha pedido que intente recordar qué sentí el día que le operaron de la cabeza. Pues fíjate que yo en lo único que pensaba es en que se la tenían que abrir, como a su padre. Pero también me decía a mí misma: «Oye, no siempre van a ser malas las cosas», acordándome del tumor de mi Jorge, claro. Y mira, al final tuve yo razón. Todo quedó en un susto. Pero menudo susto. Aunque ahora está bien y no siempre hay que pensar en cosas feas. Chica, yo es que no soy de recrearme en la pena, cuando lleguen, pues ya veremos, pero mientras tanto no vamos a vivir amagantaos. *Esta palabra le hace mucha gracia a mi Jorge, como cuando vamos a un hotel y le digo de bajar pronto a desayunar porque, si no, nos vamos a encontrar todo el bufé* espiscorroteao. *Me río yo sola de verlo reír a él. ¡Ay! Si hablara un poco más y no fuera como su padre.*

Con lo que se metía con él por lo serio que era. ¡Pues se parece a su padre más de lo que él se cree! Nunca ha sido de hablar mucho, pero es que ahora hay que sacarle las palabras con tenacillas. Dice que porque ya habla mucho en su trabajo, pero claro, yo pienso que para una vez que lo veo, pues podría hacer un esfuerzo y hablar un poco más conmigo. A mí es que me gusta mucho hablar. Desde que me levanto hasta que me acuesto. En fin. Espero que no esté bebiendo mucho, yo ya he dejado de traerle botellas de vino porque, claro, al final me di cuenta de que no era lógico que le dijera que no bebiera y que yo me presentara en su casa cada vez que iba a verlo con dos botellas de vino, bien buenas. Yo es que nunca me he puesto borracha, fíjate tú. Pero él... En fin. Que sí, que a él le ha gustado mucho beber, pero ahora dice que ya no tanto. A ver, a ver qué me encuentro.

Versátil es como se dice cuando a uno le gustan las dos cosas. Cómo se va a quedar cuando me lo pregunte. ¿Qué te crees, que no lo conozco? si yo sé que me lo va a preguntar.

A ver cómo me lo encuentro. Por de pronto con covid y sin voz. Como le dé por beberse una copa de vino, me van a dar los siete males. Bueno, una copa sí, pero la botella entera que ni se le ocurra. Vamos, es que por mucho que se enfade conmigo, se la quito de un manotazo.

Me gusta mucho ir cuando está malo, así lo puedo cuidar. Pero qué pena me da dejar a mi Nina: once años tiene ya la perra. Cómo pasa el tiempo. No es que me aburra en su casa, pero, hombre, yo, como estoy en la mía, pues tampoco. Aunque con él estoy muy bien.

A ver cómo me lo encuentro.

La otra vez que vine no bebió nada. Ojalá siga sin beber, que es que se pone muy feo cuando bebe. Y con lo del ictus se tiene que cuidar. Y oye, que a mí no me gusta que la gente se ría de él, porque tú ves a un borracho haciendo el tonto y te ríes. Y yo no quiero que se rían de mi hijo, qué coño. Pero él me dice que cuando se emborrachaba lo que quería era precisamente eso, perder el control, y que le daba igual que se rieran de él. Pues a mí no me gusta eso. Yo es que al alcohol siempre le he tenido mucho miedo.

Cuando estuvimos en S'Agaró me dijo que su psicóloga le había dicho que estaría muy bien que fuera a hacer terapia con él, y mira, es que me dieron ganas de darle un tortazo a la psicóloga y a él. Yo se lo dije muy claro: «Jorge, tú haz lo que te dé la gana, pero a mí a esos sitios ya no me lleves». Yo ya soy muy mayor y no tengo ganas de según qué cosas. ¿Qué me va a decir a mí la psicóloga? A ver, ¿qué me va a decir a mí que yo no sepa? Si lo que haría sería decirle yo a ella las cosas. Que dice que, si va a hacer terapia de grupo, que tiene yo qué sé qué de adicto. Pero si eso ya lo sé yo, qué te crees, ¿que no lo sé?, si las madres no somos tontas. Vamos, las habrá, pero tonta yo ya te digo que no soy. ¿Pues no le digo yo a él que tiene que dejar de pensar, que su mente siempre está trajinando cosas? Que él vaya a donde le dé la gana, pero yo a la psicóloga no voy. Faltaría más, qué coño, a ver qué me va a enseñar ella. Que soy ya muy mayor para según qué cosas y quiero vivir tranquila lo que me quede. Que no, que no. Ya le he dicho que no y es que no. Sus hermanas, si quieren, que lo acompañen, pero yo no voy.

¡Uy! Vamos por Guadalajara ya. Pues en nada estamos en Madrid.

El conductor que trabaja en su casa viene a buscarme. Ahora que lo pienso, también me gustaría encontrármelo a él algún día a mi llegada, qué coño. Pero siempre está trabajando, o dice que no viene porque lo conoce la gente. Pues, chico, para eso trabajas en la tele, ¡para que te conozcan!

Yo es que no lo entiendo, me da una rabia que me diga que no le gusta hacerse fotos. Claro que no me extraña, porque a veces lleva unas pintas… A mí no me verás ningún día bajar a la calle sin maquillarme. ¡O en bata! Quita, quita. Yo lo primero que hago nada más levantarme es ducharme y maquillarme. Y luego ya, desayunar. Y luego, la perra.

A ver, es que yo soy la madre de Jorge Javier y no puedo salir de cualquier manera a la calle.

¡Ay! Si es que me tengo que reír. La gente se va a pensar que estoy loca riéndome yo sola. Pero bueno, también hay días malos. Como cuando estaba yo echando el Euromillón y un tío se refirió a mi hijo como el «maricón ese que sale en la tele».

—Pues ese maricón es mi hijo —le solté yo con una rabia que no sé ni cómo no me lo comí.

El tío no sabía dónde meterse. Qué gente. Anda que no le hubiera gustado a él tener un hijo como el mío.

A ver si cuando llegue me ha comprado cremas. Es que me encantan las cremas y él se las compra bien buenas. Y claro, con la piel que tengo, a mí sí que me lucen. A ver, es que para mis ochenta y tres años que voy a cumplir, no estoy nada mal. El otro día tuve que enseñarle el carné de identidad a una señora porque no se creía que tenía ochenta y dos años.

¡Madre mía, la de pretendientes que tenía yo de joven! Pero si hasta hacían cola para verme trabajando. Hasta un torero me pretendía, pero a mí no me

gustaba. Y el del estanco. Y otro señor mayor que era dueño de medio Poble Nou. Mi hijo dice que yo de joven era como Grace Kelly. Hombre, guapa era, para qué nos vamos a engañar. Cuando me llevaba a pasear a los hijos de la señora que me enseñó a zurcir salían todos los del bar Martín a verme. ¡Me acuerdo hasta del nombre del bar! Pero, chica, llegó su padre y me enamoró. Y eso que era serio, pero me gustó y, cuando te gusta alguien, no puedes hacer nada.

Qué risa, anda que no me pretendían a mí… Pero yo he sido muy feliz con mi marido, no ha habido otro hombre y no lo habrá. ¡Uy, quita, quita!

Mira, ya estamos en Madrid. A ver si no tarda mucho en venir a recogerme el chófer. ¡Ay, a ver con qué me encuentro!

Ojalá que no esté bebiendo.

Fui capaz de sortear seis olas del covid, pero a la séptima he caído. Casi diez días de baja. Volví al trabajo y tuve que retirarme de nuevo por una laringitis post-covid que me ha dejado afónico. En pleno mes de julio, mi madre se ha presentado en casa para cuidarme.

Reconozco que al principio estaba yo un poco reticente, pero tenerla conmigo estos días está siendo, sin lugar a dudas, una de las mejores cosas que me han pasado en este año tan complicado. (Para mí, los años van de septiembre a julio, como en el colegio.)

Cuando viene a verme y me pilla trabajando, su presencia me produce muchas veces ansiedad, porque me paso el día despidiéndome de ella para ir a la tele y a la vuelta no tengo muchas ganas de darle palique. Pero levantarme y verla, y desayunar con ella, charlar, almorzar, irnos cada uno a nuestra habitación para echar la siesta, charlar, cenar y ver con ella todos los días *First Dates* me ha devuelto la vida. Cómo quiero yo a esta mujer. Cómo no la voy a querer..., con lo que ella se hace querer, que no la he escuchado una sola queja ni un puto reproche desde que estoy aquí. Cómo no la voy a querer como la quiero, joder.

Y qué poco se lo demuestro. Creo.

—¿Que por qué nos fuimos a Barcelona? —dice mi madre repitiendo la pregunta que acabo de hacerle—. Pues porque mi padre, tu abuelo, se puso malo del corazón y no podía trabajar mucho. Y entonces, imagínate tú, a ver cómo salíamos adelante, con una mujer y tres hijas. Una vecina nos dijo que nos fuéramos a Barcelona porque allí tenía familia y tus tías y yo nos podríamos poner a trabajar.

»A ver, yo tenía ocho años, pero tardé solo cuatro más en empezar a trabajar. Dejamos una casa preciosa en Valdepeñas y mira, ¡cuando llegamos a Barcelona y vimos dónde íbamos a vivir! ¡En unas chabolas, por la zona del Somorrostro! Tu tía Gloria, que era un poco mayor que yo, se puso a llorar cuando vio todo aquello. ¿Que cómo era? Pues como las favelas esas tan *pobrecicas* que salen en *Callejeros,* si dormíamos hasta en el suelo. A ver, bastante hacían con dejar que nos quedásemos.

—¿Y estuvisteis mucho tiempo así?

—Pues no mucho, no me acuerdo muy bien. De ahí nos fuimos a una habitación en el barrio de la Salud, en Badalona. ¡Los cinco en una habitación! Mis padres dormían en una cama y nosotras en el suelo. Qué mala era la dueña, qué mala. Nos reñía por todo, la tía. ¿Ducharnos? Pues en barreños, qué coño iba a haber duchas.

»Mi padre se puso a trabajar de guardia por la noche, pero no sé muy bien dónde. Vendió las tierras y la casa de Valdepeñas y ya luego nos compramos un piso en la calle Calderón de la Barca. Yo, con doce años, me puse a trabajar con mis hermanas en la Barceloneta, que por aquel entonces era un barrio de pescadores. Vendíamos pantalones para ellos y a mí la dueña me tenía todo el día dándoles con un plumero para quitarles el polvo. La dueña estaba como medio chalada, separada del marido, un día nos reñía que parecía que nos iba a matar y otro nos comía a besos. En Viernes Santo nos llevaba a comer carne, fíjate tú, en aquella época, a comer carne. Y ella se reía porque sabía que estaba haciendo algo malo.

Pongo a pensar a mi madre y empiezan a agolpársele recuerdos que permanecían distraídos en algún sitio de su memoria.

—Antes de Valdepeñas, vivíamos en el cortijo de don Samuel Flores, mi padre era el mayoral. Venían los toros y nos subíamos a una fuente para verlos. Fíjate si era agarrado don Samuel, que un día mi madre le cogió un rosco de la cocina para dárselo a tu tía Gloria y se lo reprochó. ¡Con el dinero que tenía, madre de Dios! ¡Ay! Y el viaje a Barcelona, en un tren borreguero, qué calor hacía, pero si yo creo que hasta viajábamos de pie. Pero fíjate de lo que me acuerdo, que, al llegar a Barcelona, me subí a un tranvía y el conductor me dijo: «Toma, una peseta por lo guapa que eres».

—Es que tú guapa has sido un rato.

—Más que la Elsa Pataky. Ahora me dicen que soy más como Lola Herrera.

—¿Te acuerdas mucho del papa?

—¡Hombre! Pues todos los días. Con lo que ha bregado con vosotros. Que llegaba de trabajar y os bañaba a cada uno. Y le gustaba que os quedaseis dormidos en sus brazos mientras él cenaba. Mis hermanas me decían que, habiéndome quedado viuda tan joven, pensaban que me iba a ir con otro hombre. Pero ¿yo? Quita, quita. Si yo todavía le quiero. Antes, cuando me iba de la casa, le daba un beso a una fotografía que tengo suya en mi habitación. Pero ya no lo hago, porque dicen que a los muertos no se les tiene que besar porque sufren. Y yo no quiero que sufra.

No le gusta a mi madre escarbar en el pasado y creo que, sin embargo, es uno de mis grandes errores. Examinarlo, juzgarlo, avergonzarme de algunos episodios de mi vida. No vale la pena. Solo produce dolor. Sé que es muy fácil decirlo y complicadísimo llevarlo a la práctica. Pero no queda otra que intentarlo, porque, si no, conforme van pasando los años, vivir se hace cada vez más imposible.

No le gusta a mi madre escarbar en el pasado y creo que, sin embargo, es uno de mis grandes errores. Examinarlo, juzgarlo, avergonzarme de algunos episodios de mi vida. No vale la pena. Solo produce dolor.

Uno nunca sabe dónde puede caer el gordo de la lotería. Viene mi hermana Ana, que es la alegría personificada, a buscar a mi madre para llevarla de vuelta a Badalona porque no me gusta que vaya sola en el AVE. Podría, pero no me gusta. El tema de conversación predominante es el vestuario que cada una de ellas llevará en la boda de mi sobrina Esther, que se casa a finales de agosto. Mi hermana ha repetido ya unas ciento veintidós veces que «cada uno vaya como quiera». Hasta que le he tenido que decir: «Hija, para ya». Y de momento ha parado.

Estamos dándonos un baño en la piscina cuando le he confesado lo bien que he estado con mi madre esta semana.

—Podrá tener lo que quiera, porque a veces es muy puñetera. Pero ¿sabes por qué está así de bien, Jorge? Porque está en paz con ella misma.

¡Coño! Me ha dejado petrificado. Puede que el secreto sea solo ese. Recuerdo que un día dije en la tele que no entendía cómo señores y señoras que se veía a la legua por las fotografías de los perfiles de sus redes que estaban a punto de entregar la cuchara —o sea, morirse— perdían el tiempo enviándome mensajes repletos de odio. Porque los años, decía yo, deben precisamente enseñarte a deshacerte de pensamientos negativos. La vejez no es sinónimo de bondad. Bien. De lo que yo dije a lo que dijeron que yo dije hay un trecho bastante largo. Sostienen que yo les deseaba la muerte a todos los viejos, como si mi madre fuera una pipiola. En fin, idioteces. Pero es que he descubierto que hay mucha gente que, por no bajarse del burro, prefiere seguir siendo idiota. Y ese ya no es mi problema.

Estar en paz con uno mismo. Esa debe ser la clave. Voy a preguntarle a mi madre cómo se hace.

—Pues conformándote con lo que tienes. Y estar contento por despertarte un día más. ¡Ay, mira! Y tener ilusiones. Por comprarte una crema, unos pantalones, lo que sea. No te creas que a veces no pienso en la muerte, pero eso nunca se sabe cuándo te puede tocar. Además, me da mucha pena pensar que ya no os veré más.

Dejo a mi madre y a mi hermana hablando en el porche y me subo a la habitación porque tengo sesión con Silvia por Facetime.

—Me ha dado mucha alegría no verte trabajar estos días. Pensaba que, aunque estuvieras con la voz tan mal, seguirías yendo, porque tienes un aguante que a mí me impresiona.

No. No he ido a trabajar porque no me encontraba bien. Porque la voz ya no me respondía. Porque no daba más de sí. Porque este tiempo que llevo encerrado en casa me está dando la vida. Porque me he dado cuenta de que no soy un superhéroe. Porque me rompo como cualquiera y ya no quiero volver a maltratarme para cumplir con todo lo que se espera de mí.

—Te lo digo en serio, Jorge, no he conocido a nadie tan desconectado de sí mismo como tú. No te escuchabas. Era imposible hacer terapia contigo.

—Me he empezado a dar cuenta ahora. Estoy muy tranquilo, Silvia. Descansando, perdiendo el tiempo conscientemente. Hasta con ilusiones nuevas, tengo ganas de recuperar mis clases de canto y tener mi propia banda. ¡Cuatro músicos! ¡Todos maricas! Y que el repertorio sea muy absurdo, canciones de verbena. ¡Que no falte *Guantanamera*! Y todo sin ninguna pretensión, únicamente por diversión. Y viajar, tengo ganas de viajar.

—Te noto muy sereno. Me gusta.

—Hacía tiempo que no estaba así. Muchísimo, ya no lo recuerdo. Hasta les he contado a mi madre y mi hermana que voy a un centro de adicciones y que voy a empezar terapia de grupo. Ha sido un año muy duro.

—Sí, y estabas empezando a entrar en una espiral autodestructiva muy peligrosa. Estaba preocupada por ti. Ahora te encuentras muy bien, pero quiero que tengas muy presente que la adicción es la enfermedad del olvido. Cuando empiezas a sentirte bien, bajas la guardia y se borra todo lo que has aprendido. Y todo lo que estás consiguiendo puede llevárselo por delante en cualquier momento. Recuerda: es ahora cuando verdaderamente empieza tu proceso terapéutico.

—Quiero entrar en un grupo.

—No estabas preparado para ello. Pero en septiembre empiezas.

Serenidad. Sí. Esa es la palabra. Serenidad. Estoy tan sereno que no me importaría morirme ahora mismo.

Dos mujeres montadas en un AVE rumbo a Barcelona. Una, de unos sesenta años muy bien llevados. La otra... La otra es la Mari, la madre de Jorge Javier. Tan guapa como siempre. Mira a la señora que tiene al lado, que debe ser su hija, y le dice:

—Qué bien he visto a tu hermano en este viaje, Ana. ¿Y te has dado cuenta de que ya no bebe?

Ana llora porque siempre que se despide de su hermano le pasa lo mismo. Pero es verdad. Hacía tiempo que no lo veía así de bien. Y la Mari también llora un poco y entonces se ríen las dos. Y la Mari piensa para sus adentros: «Pero ¿cómo me voy a querer morir yo? ¡Qué coño!».

Hasta siempre, Mila

Mira, no se me ocurre otra manera de empezar esta carta. Lo de «Querida Mila» me suena demasiado protocolario y poco tiene que ver con nuestro rollo. Prefiero el «Hola, Mila».

¡Que ya tengo cincuenta y dos años! Eché de menos tu llamada y que antes de colgar pronunciaras esos «te quiero, te quiero, te quiero» tan apresurados que, por otra parte, sé que también se los decías a más gente. Pero contigo no tenía celos. Tú de mis amistades femeninas, sí, y eso me hacía mucha gracia. Pero ya te digo yo que no tenías por qué tenerlos.

Cómo noto tu ausencia, ni te lo imaginas. Aunque el dolor se va haciendo más llevadero. No es esa pena negra del principio. Sería algo así como una muesca en el alma, una herida de guerra vital de la que presumir ante los que pasan por la vida sin conocer a gente como tú. Es que hay gente a la que nunca le pasa nada, coño. Gente que llega al mundo para hacer bulto.

Sin más. Yo a ese tipo de bultos los huelo y los esquivo, porque son de los que se cuelgan para que les hagas la vida más entretenida. Y no. Por ahí ya no paso. Ya entretengo en mi trabajo, como para ponerme yo ahora a entretener a la gente cuando no estoy trabajando.

Una de las frases que más definía tu *modus vivendi* era: «Che, che, che. Esto déjamelo a mí». Te pasaba en el trabajo, cuando aparecía algún personaje que venía dispuesto a tocarte las narices. Si tus compañeros intentaban echarte un cable, te salía un ramalazo a lo María Félix: «No me gusta la ayuda. Cuando te la pida, tú me ayudas». Y entonces te cargabas al personaje en cuestión, que por lo general era un sansirolé que se vendía por cuatro duros, y luego eras capaz de hacerte colega suya. Tus cosas. Siempre al lado del débil. Y siempre dispuesta a perder tu trabajo por algo que considerabas injusto, eso lo he visto y vivido yo. Pues allá donde estés, creo que también quieres controlar tú solita las cosas. Belén Rodríguez y yo hemos estado tan tarumbas este año, se nos han venido tantas cosas encima que decidimos contactar contigo a través de una médium. Esperanza Gracia nos dijo que la mejor era Paloma Navarrete, pero no nos ha dado tiempo a llegar a ella. Se ha muerto. De manera repentina. Y eso que gozaba de buena salud. Pues eso, hemos captado el mensaje. Que te dejemos a ti hacer las cosas.

Desde tu partida, yo he recibido muchas señales tuyas, Mila. La primera, muy pronto. Desde que llevo presentando *Supervivientes* —2011— jamás una final se había celebrado un viernes. Hasta que llegamos al 2021. Yo no quería presentar esa final. Estaba demasiado contaminada por elementos que no tenían nada que ver con el concurso. Y no me gustaba tener que levantar la mano como ganadora a una mujer que, cuando no ha atacado con mentiras y manipulaciones a otra mujer, ha sido cómplice participando en el dolor más terrible que se le puede infligir a una madre: la pérdida de sus hijos. Finalmente, no pude estar en Madrid coronando a la ganadora porque me tocó trabajar en el Tívoli de Barcelona. No existía la posibilidad de cambiar fechas. Quien conoce los tiempos del teatro ya sabe de qué estoy hablando. Me sentí liberado al no tener que presentar la final. Cuando finalicé las dos funciones del viernes, llegué a casa de mi madre en Badalona y no pusimos ni la tele. La final tuvo lugar un 23 de julio, justo un mes después de que tú te fueras. ¿Qué te piensas? ¿Que no me di cuenta? Quisiste mantener a tu chico alejado de esa polémica. No sabes cuánto te lo agradezco.

Creo que ya has encontrado acomodo en tu nuevo lugar. Te noto más tranquila. Estoy convencido de que la habrás liado muy parda hasta llegar a este estado en el que estás ahora, que creo que tiene mucho que ver con esa serenidad que tanto detestabas. Porque Mila, entre tú y yo: cómo te aburría la paz, hija. Siempre tenías que estar metida en alguna guerra para sentirte viva. Como yo. Pero gracias a este último año, me he dado cuenta de que no es sano seguir viviendo así.

¿Te acuerdas de lo que te decía José Sacristán en Marbella cuando erais novietes? Que ibas demasiado acelerada por la vida y que no podía seguirte el ritmo. Yo también he ido muy acelerado, pero no me arrepiento de nada de lo que he hecho. Los primeros cincuenta han sido apoteósicos, porque ha habido de todo y por su orden. Tengo la sensación de que a partir de ahora solo se trata de elegir lo que me haga bien. Parece fácil, ¿verdad?

No me arrepiento de nada de lo que he hecho. Los primeros cincuenta han sido apoteósicos, porque ha habido de todo y por su orden. Tengo la sensación de que a partir de ahora solo se trata de elegir lo que me haga bien.

Te voy a decir una cosa, Mila: me ha enseñado más este último año que el del ictus. El detonante fue tu marcha, pero luego se fueron añadiendo factores que desembocaron en una tormenta perfecta para hacerme perder pie y encontrarme más perdido que nunca. Sin embargo, durante estos últimos meses las cosas han ido ordenándose y me encuentro sereno, que es un estado que antes detestaba y que ahora me produce una sensación francamente placentera. No se trata de tirar la toalla. De dar todo por vivido. No. Tiene mucho más que ver con aceptar que el tiempo pasa y que es conveniente ir cerrando etapas para poder seguir avanzando, no anclarse en el pasado y ver qué cosas nuevas te depara la vida. Sin prisas. Buscando la paz, que es mucho más importante que intentar encontrar la felicidad. Porque ese es un viaje a la frustración.

Yo supongo que ahora lo suyo sería dar unos cuantos consejitos, pero lamentablemente no te puedo dar ni uno. Cada uno encuentra su paz en los lugares más insospechados. Yo antes la hallaba en el caos, pero ahora he descubierto el placer de madrugar. De la primera caricia a mis perros. Del primer café. De juguetear con la posibilidad del «¿Y si...?». A esas horas en las que no suena el teléfono, todo es posible porque parece que la vida empieza de nuevo. Qué sano es juguetear con la fantasía, con la curiosidad, con la imaginación. Aunque luego no nos pase nada, que a nuestra edad eso también es un motivo de alegría.

Porque ahora, cuando me voy a la cama, pienso antes de dormirme: «Ni a mí ni a los míos nos ha pasado nada malo. ¿Te parece poco? Pues venga, a dormir, que mañana será otro día». «A la cama la llaman rosa y el que no descansa, reposa», me decía mi madre cuando era pequeño.

Ahora, cuando me voy a la cama, pienso antes de dormirme: «Ni a mí ni a los míos nos ha pasado nada malo. ¿Te parece poco? Pues venga, a dormir, que mañana será otro día».

Yo ahora no quiero morirme. No es que haya querido morirme nunca, Mila, sin embargo a veces me ha dado un poco igual. Pero fíjate que ahora me está volviendo la curiosidad. Porque creo empezar a saber de qué va todo esto. Porque quiero saber para qué estoy aquí, aunque comienzo a tener una ligera idea. Porque no estoy preparado para el adiós. Y porque quiero que, cuando llegue el momento, me vaya muy cansado ya de este mundo. Pero creo que todavía queda para que eso suceda y nos volvamos a ver. Y te dé un abrazo tan fuerte, tan fuerte, tan fuerte que te sorprenderás, porque yo siempre he evitado el contacto físico, pero he cambiado mucho durante este año y quiero seguir cambiando más. ¡Ay, Mila! Fíjate en lo que pienso: en que no hará falta que te cuente nada porque tú lo estarás viendo todo, ¿no? No te creas, hay cosas mías que me da mucha vergüenza que hayas visto. Ya sabes a lo que me refiero. Cómo me gustaría volver a abrazarte. Guardo un abrigo tuyo en mi armario. Cuando acabe de escribir este capítulo, iré a tocarlo un poquito, para sentirte todavía más cerca. Igual lo extiendo encima de mi cama y me pongo a hablar contigo, yo qué sé.

Eras una mujer muy feliz, Mila. Pero cuánto tiempo perdías pensando en lo que harías cuando dejaras la televisión —ese Tánger al que decías que querías irte—, y no fuiste consciente de lo que habías conseguido profesionalmente. Quizás fuera ese uno de tus grandes encantos. Pero no te preocupes, porque la gente no te olvida. Te sigue echando mucho de menos.

Yo no quiero perder más tiempo pensando en qué haré cuando deje de trabajar. Es más: es que no quiero dejar de trabajar. Durante muchos años le he echado la culpa de mi infelicidad a la televisión, pero ahora me doy cuenta de lo injusto que he sido con ella. El responsable de mis etapas más turbulentas he sido yo. Y mucho ha tenido que ver ese comportamiento adictivo del que me habla Silvia, la psicóloga que este año me ha salvado la vida.

He sido adicto al trabajo, como a tantas otras cosas. Y esas adicciones me han llevado a descuidar otros aspectos fundamentales de mi vida: mis relaciones familiares, mis relaciones sentimentales y a mí mismo. Llevo años sin escucharme, trabajando a una velocidad vertiginosa. Porque yo he querido, ¿eh? Que quede bien claro. Cuando me preguntan cómo soy, me quedo en blanco y sin respuesta, porque desde hace tiempo convivo con una persona —yo mismo— a la que cada vez conozco menos. Y después de este año tan convulso creo que debo empezar a preocuparme por conocer a ese yo que está sepultado desde hace muchos años por el Jorge Javier de la tele.

Cuando me preguntan cómo soy, me quedo en blanco y sin respuesta, porque desde hace tiempo convivo con una persona —yo mismo— a la que cada vez conozco menos.

Mila, he decidido dejar de tomar la PrEP, que es una pastilla que se toma para evitar contraer el VIH. Mucha gente de mi generación vivíamos obsesionados con esta historia, ya te lo conté alguna vez. Y poder follar sin condón gracias a esa pastillita y encima no tener luego remordimientos de conciencia... Pues imagínate, era jauja. Lo malo es que la PrEP no evita que puedas coger otras infecciones de transmisión sexual. Y yo, pues qué quieres que te diga, después de tantos años esclavizado al condón, me lie la manta a la cabeza y pasé de usarlo.

El resultado es que, en un año, he pillado todas y cada una de las ETS habidas y por haber. Ya te he contado lo de la sífilis. Y también que, cuando lo hablaba con Cristina, ella respondía, impertérrita, lo de siempre:

—Gajes del oficio.

La he dejado de tomar porque, como ya sabes, me recomendó Silvia estar una temporada sin follar y lo estoy cumpliendo a rajatabla, por supuesto. Aunque ahora me ayuda la medicación que me están dando, que me quita tanto las ganas que en vez de rabo parece que tengo coño, porque no existe vida en el sur de mi cuerpo, no se me mueve nada. Hoy me he levantado empalmado, pero no recordaba cuándo había sido la última vez. Y yo, que como bien sabes soy muy pajillero, ahora ya he dejado de hacérmelas, porque con las pastillas el orgasmo es una puta mierda. No compensa el esfuerzo para la mierda de placer que se consigue.

A esto de no tener sexo y aventuras me resisto un poco, pero cuando hablo con Silvia siempre acaba convenciéndome. Es hora de empezar a dejar de buscar sexo para calmar la ansiedad. Solo me deja acostarme con alguien si me gusta muchísimo y se activa la dopamina, que también se activaba cuando le daba al alcohol para follar. De esta manera, sustituyo el consumo de alcohol por la dopamina que genera el enamoramiento. Más o menos es algo así, creo que lo he explicado bastante bien. Pero no ha aparecido nadie que me active la dichosa dopamina y vivo sin sobresaltos. No está mal. Para un tiempo, ¿eh? Tampoco nos pasemos.

En ese aspecto me apetece un poco volver a lo de antes. Creo. A lo de quedar con alguien, conocerle un poco, acostarse si cuadra, dormir abrazados si llega el momento. Son muy divertidas las noches locas. He vivido muchas y sé que algunas que otras caerán. Pero me gusta aceptar que el ansia por cazar que tenía antes está remitiendo. No quiero volver a esa dinámica en la que el sexo se convierte en un deporte y tienes que superar tu marca de polvos cada semana porque, si no, aparece la frustración. No. Ya no tengo edad para participar en esos juegos olímpicos. Hombre, si me lo ofrecen muy fácil, quién soy yo para decirle que no a alguien que me ponga cachondo. Hija, lo que yo te diga. Que soy todo un disparate. Que parece que sí, pero que no tengo ni puta idea de lo que quiero, en eso debe estar también la gracia de vivir. En no dar nada por sentado.

No quiero volver a esa dinámica en la que el sexo se convierte en un deporte y tienes que superar tu marca de polvos cada semana porque, si no, aparece la frustración.

No estoy preparado para tener novio, y comprender eso también me produce mucha serenidad. Pretender que otra persona aparezca en mi vida para desmontar mis inseguridades y hacerme feliz me produce rechazo. No quiero que nadie me rescate. Quiero salvarme por mí mismo, y sé que para llegar a ese punto necesito estar solo y saber lo que quiero. Todo esto en teoría, claro. Que luego viene un cualquiera y nos destroza la vida.

Ayer me llamó Belén Rodríguez desde Málaga y me dijo que quería regalarme una medallita del Cautivo. Que te la regaló a ti y es milagrosa. Pues, hombre, después de ver para lo que te sirvió, no mostré ningún entusiasmo por que me la trajera. Porque, Milagros, lo que se dice milagros, no hizo contigo. Fíjate, la cosa me ha dado hasta para escribir una gracia. ¿Te acuerdas de cuando te llamábamos Milagros? Cuántos «te acuerdas» nos han quedado huérfanos, Mila. Demasiados.

El fin de semana estuve con mi familia celebrando mi cumpleaños. Cuando voy a Badalona es como meterme en una burbuja donde solo existen los buenos recuerdos y un presente agradable. Son tan listos que no hablan del futuro, que es la manera más idiota de perder el tiempo. Con ellos soy feliz porque sigo siendo el niño. El crío. Ese crío del que están muy orgullosos, pero al que les gustaría ver muchísimo más, porque trabaja mucho. Pues el crío ha decidido que se las va a ingeniar para tener más tiempo libre. En su trabajo es uno de los mejores y ha hecho historia en la televisión, así que ahora lo que le toca es disfrutar de todo el esfuerzo realizado durante tantos años y pasárselo bien. Eso no significa bajar la guardia, porque al crío le gusta ser el mejor. Pero para seguir siéndolo necesita más tardes de pipas con su madre y sus hermanas.

Todo eso lo piensa el crío mientras intenta conciliar el sueño en la habitación de la casa de su madre. De la casa nueva, porque el bloque donde vivieron en San Roque lo derribaron no hace mucho. En la oscuridad de la noche, a punto de dormirse, el crío oye trajinar a su madre, que no quiere acostarse antes de poner orden en una cocina rebosante de cacharros tras un almuerzo familiar. Mientras escucha a su madre, el crío siente miedo. Miedo de no volver a escuchar esos ruidos. Miedo de que un día no esté su madre.

Mila, seguro que has encontrado ya a mi padre. Os caeréis bien, no tengo ninguna duda. ¿Has visto lo que me parezco físicamente a él?

Echadme un cable, anda. No os pido más que mi familia y yo podamos vivir un tiempo sin sobresaltos. Que todo siga igual durante unos años. Bueno, bastantes, si puede ser. Mínimo unos diez.

Alba está mucho mejor, más tranquila. Dice que cada día te siente más cerca. Y yo, como sabes, no dejo de pensar en ti.

Te quiero.

Hasta siempre.

Tu chico.

Dramatis personae

Alba. Hija de Mila. ¡La de veces que habremos hablado este año! Mila la adoraba y yo siento que, de alguna manera, tengo que estar pendiente de ella. No sé, es como un encargo que creo que Mila me pide sin palabras. A lo largo de este año hemos reído, hemos llorado, hemos pensado que el dolor no se acabaría nunca, pero ahora que Mila ha hallado por fin su acomodo, estamos muy tranquilos. Además, yo estoy feliz porque Alba siente que su madre está muy pendiente de ella. Ya tocaba, porque ¡*menudo* añito nos has dado, Milagros!

Alberto Díaz. Director de *Sálvame.* Amigo. Confidente. Cómplice. Le hace mucha gracia saber qué voy a cenar por la noche. No entiendo que se ría cuando me escucha llamar a casa para pedir una sopita miso con tofu y una tortillita francesa.

Belén Rodríguez. Amiga. Nos llamamos todos los días sobre las seis de la mañana para certificar que estamos vivos. Cuando nos enviamos el emoticono de la personita levantando el brazo, procedemos a la llamada. Antes, no. En una ocasión se rompió una pierna porque la atropelló un camión y se extrañó de que tardara tres días en llamarla para preguntarle por su estado, pero es que yo estaba en una orgía en la que se me rompieron unas gafas de ver. Como pasa mucho tiempo en casa, no para de darle a la cabecita y crear teorías conspiranoicas sobre cualquier asunto. Lo tremendo es que luego, por peregrinas que parezcan, se confirman todas.

César. Mi *community manager*. Capaz de cantarme las cuarenta a cualquier hora del día. No tiene filtros. Muy austero. De Valladolid. Pero fíjate si es generoso que, como siempre le pasa algo gracioso cuando echa un polvo, se ofreció a follar más para que yo tuviera material fresco sobre el que escribir.

Cristina. Como diría una señora antigua, mis manos y mis pies. Reconozco mi incapacidad para enfrentarme a la realidad, pero Cristina me lo pone todo tan fácil que yo solo tengo que ocuparme de vivir. Es mucho más que una asistente. Es una compañera de vida que me maneja como si fuera su muñequito: hoy presenta esto, mañana haz esta entrevista, el jueves van a casa a cortarte el pelo, llega un cuarto de hora antes a la tele, que te tienes que probar una americana para el *Deluxe.* Y así todo. Nos lo pasamos igual de bien hablando que en silencio. Nos reímos con todo y para nosotros no existen las desgracias, porque les damos la vuelta y nos descojonamos de ellas.

La Mari. Mi madre. Guapa, rumbosa y con unas ganas de vivir envidiables. Cualquier cosa que se diga de una de las personas a las que más quieres en el mundo es poco. Así que, como diría ella, a otra cosa, mariposa.

Luis Pliego. Director de la revista *Lecturas* y amigo desde el pleistoceno. Nosotros dos sí que tenemos un libro.

Mila. Mila es Mila Ximénez. Me quedaría corto presentándola. Ya tenéis el libro.

Óscar Cornejo y **Adrián Madrid.** Amigos desde hace veinticinco años. Productores ejecutivos de La Fábrica de la Tele. De no haber sido por ellos, habría abandonado la tele unas quince o veinticuatro veces.

P. Mi ex. Él no necesita más presentación.

Silvia. Mi psicóloga desde octubre. Advirtió a las primeras de cambio que rehúyo el contacto físico y, por eso, cada vez que me ve, intenta darme un abrazo y yo respondo sin demasiado entusiasmo. O apartándola con mucho tacto. Se da cuenta, claro, que para eso es psicóloga. Ella cree que durante las terapias intento mentirle u ocultarle episodios de mi vida, pero ni una cosa ni la otra. En todo momento le respondo a lo que me pregunta. Otro asunto bien distinto es que la respuesta ante una misma pregunta varíe de una semana a otra. Pero, joder, entre otras cosas, para eso voy a verla. Para que intente centrarme.